The Lion Tracker's Guide to Life

The
Lion
Tracker's
Guide
to Life

獅子追蹤師的生命指南

The Lion Tracker's Guide to Life

博伊德・瓦提（Boyd Varty）著　蔡世偉 譯

致父親，他是許多人的良師益友。

有很多不同的薩滿巫師，各有專精，
但大多被稱為「Ajcuna」，
意思就是：「追蹤的他或她」。

—— 馬丁·普雷赫特（Martin Prechtel）
《會說話的美洲獅之祕》（*Secrets of The Talking Jaguar*）

目錄

前言　生命的永恆追尋　009
◆內在深沉的呼喚◆每一次冒險前，都不知道今天會遇上什麼◆成為生命的追蹤師

第一章　野性的呼喚　021
◆這就是人生嗎？◆「難以固定」的我◆生活只在當下◆出發去追尋

第二章　追蹤師的覺醒　039
◆以慢制快◆在荒野與大自然交談◆用新眼光看一切事物
◆讓注意力回到野性的自我

第三章　走上父親這條路　061
◆創傷可以流傳，療癒何嘗不是◆找到一件讓自己入迷到忘我的事

第四章　找到第一組足跡　075
◆用身體感覺◆把巨大的不可能，化為一個個微小足跡
◆現代生活的危機，就是缺乏危機◆重新想像我們來到世上的原因

第五章　回歸生命的追蹤　095
◆做出選擇就是唯一的選擇◆回歸生命的追蹤◆跟土地合作生活◆捕獵的智慧

第六章　失去蹤跡　111
◆大自然就是老師◆學習變得自然◆接受追丟足跡◆沿著信念走，而不是足跡
◆這個星球的修復始於人類，始於你◆找回自己本來的樣子◆追蹤師之歌

第七章　在大局與細節模式之間切換　133
◆回到正軌的線索◆我追蹤，我清醒

第八章　在追蹤裡找到活著的感受　145
◆奮力求取安全的代價◆把生命活成現實◆找到活著的感受

第九章　全然專注，直入化境　163
◆失而復得的足跡◆你來這裡，是為了活◆把你的眼睛往前丟

第十章　與野性導師相遇　177
◆野性自我的引導◆接近獅群◆與美麗的野性導性相遇◆活在追蹤的路上

結　語　跟著生命為我們鋪設的內在道路走　185

佳評與解析　從追蹤看見生命的脈絡　達娃　190
追蹤自己的獅子　魯宓　192

只要追蹤真實的生命並且發掘其意義，
就會催化生活的其他可能，
然後，對你而言重要的東西將會立刻改變。

前言

生命的永恆追尋

清晨三點，我在時差帶來的詭異中間地帶醒來。

小屋滑門外的曠野，被月光染成一片銀白。

冬日的寒冷空氣透過紗門滲透進來。在寂靜之中，一隻角鴞每隔十秒發出「不兒、不兒、不兒」的啼叫聲。

我回到家了，物理意義上的家。我的身體認得這個地方，以及夜裡的聲響。經過數月的美國生活之後，非洲叢林的種種童年回憶：夜裡灌木叢的氣味、月光的獨特色澤、夜晚既存在於周遭也同時存在於體內的永恆感受等，紛紛湧入我的感官。

一頭大象低頭在河邊飲水，我聽見樹幹斷裂聲，如玩具槍響。小屋旁的黑檀木頂端，一隻狒狒朝著深夜吠叫：「啦啊啊——呼——啦啊啊呼——」

接著，一陣深深的沉寂，隨之而來的是獅子吼聲。

內在深沉的呼喚

獅吼聲如同一道門檻，讓我知道自己已從一個世界踏入另一個世界。經過國外那充滿人工燈光與電器低鳴的許多夜晚後，突然聽到那吼聲的音色，穿透夜晚冷空氣抵達耳際。吼聲的強大震動，讓屋門顫抖了一陣。對我而言，沒有比家鄉更真實的聲音了，這讓我的心本能地因為興奮而漏跳一拍。

以描寫非洲荒野而成名的作家勞倫斯·凡·德普斯特（Laurens van der Post）曾說：「獅吼之於寧靜，猶如流星之於夜空。」就像從夢中醒來，有一種被拉回自己身體的知覺，彷彿這古老聲音的力與美，將靈魂從無盡的求索之中拉回己身。

躺在床上的我，知道獅子就在深夜荒野的某處。不知何故，比理性所能了解的更深，我明白牠的存在對我來說至關重要。

在大腦延伸至過往的部分，某種原始的東西穿過了因時差而昏昏沉沉的旅人，立即而完美地登場。我體內某種野性甦醒過來了。

過去十年，我在兩個世界之間——南非家鄉的荒野，以及步調快速的美國現代生活——繪製一條奇怪的人生道路。我先在個人成長的研討會中擔任人生教練，接著成為一位原住民醫者的學徒。我的工作讓我得以站在第一線，見識到長久以來與現代生活有關的種種疾患。多年來，一次又一次的醫病對話，主題總是相同：虐待、孤立、焦慮；一方面是憂鬱，另一方面是與生俱來的創意與造就改變的欲求。我在人們身上看見深深的渴望，想要交出自己，想要再一次歸屬於彼此與自然世界。跟我對話過的許多人，都在追尋更有意義的人生。我也一樣。

事實上，我的追尋帶領我走遍世界，浸淫於個人轉變的各種技藝：禪修靜心、心理學、身心訓練，以及武術，等等。儘管如此，我仍感覺自己尚未發現這一生注定要做的事。我能在理性的生涯規畫之外感覺到這一點。我在尋找某個「東西」，甚至可以聽到「它」模糊的低語。我已經在荒野之中、教練職涯、非洲與美國找到真實人生的碎片——但，我該如何將這一切拼湊在一起？

考量到至今所走的路，我顯然受一種概念吸引：**改變一個人，可以改變全世界**。但跟人生教練相關的這份工作、這門生意，從來就與我不合拍。來自非洲灌木叢的我，很確定人生不需要教練。給予一切事物活力而且永不間斷的生命之流，擁有至高的智慧，荒野裡沒有任何東西需要靠教練來發現真實的自我。

如果說我們在現代生活裡迷失，好比失去價值、方向與歸屬，那都是因為我們已經與更加本能且天生的一部分脫節了。這一切思緒停泊在我的潛意識，搖晃顫動，直到那聲獅吼劃破長夜。

儘管如此，我心底深處明白，我——應該說我們全人類——需要截然不同的生命方向。

然而，當代社會並沒有提供我們轉化生命的管道。這是一個亟欲改變的世界，卻承擔著過時的動力。內心深處，人人都知道別的選項是有可能的，但要怎麼達致彼方？我漸漸領會，這種轉變可以始於個人生活。不對，應該說**必須**始於個人生活。

對於生命的冒險，會不會有一種更深沉的呼喚，邀我們走向懼怕卻又渴望的邊緣？

每一次冒險前，都不知道今天會遇上什麼

又一聲獅吼。

這片土地保存著我的家族故事。倫多洛茲野生動物保護區（Londolozi Game Reserve）的名字源自祖魯語，意指「一切生物的保護者」。對我的人生來說，獅子的存在是心靈核心裡不絕的回音。離家愈遠，獅吼的呼喚聲愈響亮。

一九二六年，我的祖先為了獵獅，來到這片被當地人稱為低地草原的南非東部荒野。我的曾祖父買下時，不過是一座破產的牧場。破產的原因之一，就是畜養的牛會被獅子吃掉，這也是這片土地的迷人之處。

我們瓦提家族一直在我身處的這片土地上獵獅，歷經三代，直到我父母與大

伯把此地轉型為野生動物保護區及遊獵營地。

我們不再獵獅，但為了欣賞其壯美，繼續追蹤牠們。獅子是我家族神話的一部分。直到今日，我們仍會圍著篝火，講述與這些至強生物相遇的故事。那些人獅交會的片刻，讓我的父親與祖父領悟活著的意義。

我從小聽「大黑」的故事長大。那頭獅子的鬃毛黑如無煙煤，垂掛於腿間。牠的氣勢讓所有見過牠的人心生恐懼與敬畏。我的歷史與獅子們的歷史交織纏繞。

鄰近南非東部的克魯格國家公園，使倫多洛茲成為世界上最大的野生動物保護區的一部分。這些年來，我們見過流浪的獅子在入夜與破曉之間入侵這片領地，將之據為己有。作為遊獵嚮導的我們，每個清晨外出冒險前，都不知道今天會遇上什麼。

我們認得好幾頭獅子，但任何一天都可能遇上性情不明的陌生獅子。那些獅子曾經攻擊越野車，遊獵嚮導因此嚇到立刻辭職；也曾讓遊客提早結束遊獵行程，安坐於居所中細心修剪過的花園。

我看見獅子的影像浮現在我腦海。這種生物的運動能力與身體比例都非常駭人。大型雄獅的體重能達到一八〇公斤，能在四秒內跑完一百公尺，常襲擊體型比自己大兩倍的獵物，例如水牛。獅子的牙齒與爪子是完美的凶器，專供獵殺之用。多數大型貓科動物，比如虎、豹、美洲豹皆性喜獨居，且傾向於避免戰鬥，因為一點小傷都可能致命，但獅子不一樣，保護頭頸的鬃毛，代表牠們演化出好戰的傾向。

在灌木叢裡，萬物都會說話。土地透過動物留下的足跡細語。鳥類是有翅的間諜；狒狒是留意危險的哨兵；那頭獅子可能在草地上坐直，準備咆哮；狒狒看見了，才會發出警告的吠聲。

此刻在我的門外，有故事正在夜裡被訴說。我體內的追蹤師慢慢轉醒，側耳傾聽，也想參與其中。

沒有人能告訴你，你的追蹤之路會是如何，
或是教你弄清是什麼在呼喚著你，
什麼能讓你感覺活著。那是你的工作。
但一個偉大的追蹤師可以問：
怎樣才能知道自己愛著一件事？

成為生命的追蹤師

追蹤，就是發現大自然是活的，且說著自己的語言；追蹤，就是踏過動物的足跡，把自己織進牠的故事裡。這是存活在人體內的技藝，與自然世界合一的法門。

人類本是一群失去記憶的追蹤師。小時初識追蹤，我並不了解它的重要。我把眼前所見事物視為理所當然，沒有放太多心思；到了青少年時期，才略有啟蒙，但當時的我仍不明白，追蹤可以是一種生活方式。

作為一個活在兩個世界之間的人，我知道人類如何失去與自然的連結，斷開與生命、熱情、自由與快樂的連結。社群媒體與電子螢幕的誘惑、充滿毒素的食物與毫無意義的工作，麻痺了現代的男男女女。我們忘記生命為全人類各自準備好獨特的故事。幽微的徵兆連成線，體現某種獨有的東西。這就是原住民所說的「你的療方」。這是只有你可以給予這個世界的東西。

你的體內有一個狂野的部分，知道你的天賦、目的與使命為何。那部分的你一直不斷進化，因此狂放而難以捉摸。要跟著它的足跡過活，你必須成為一個生命的追蹤師。

這本書在某種意義上是一則神話。這是我找到屬於自己的人生道路那天的故事。這是我的故事，但我希望它可以為你的生命新故事起頭，也獻給所有想創造新世界的人。

又一聲獅吼，呼喚著我心底深處的某個東西。

1 野性的呼喚

清晨四點起床，我帶著往日的慣性在房間裡移動。

人生中曾有一段時間，我擔任遊獵嚮導，每天都是這樣開始的：在破曉前那個小時，當月亮低垂於西天，整個世界感覺像充斥著溫柔的祕密。

這就是人生嗎？

我往臉上潑水，注意到鬍渣裡的灰白，也發現頭頂髮量日益稀疏。愈來愈老了。

我把早年擔任遊獵嚮導的生涯，看作進入生命的嚮導入門。一直以來，我像一面有裂痕的鏡子，與智慧毫無關係，也沒有發揮潛能，但心甘情願處在不斷詰問「這就是人生嗎？」的不適感之中。身為一名教練，我總在挑戰這個問題。

穿上衣櫃的衣服，像是套上舊版的自己：褪色的卡其褲、磨損的 Teesav 厚工作衫、被我踩著走遍非洲大陸的 Veldskoen 靴。穿過這套衣裝的人彷彿消失已久，但他現在就站在這間房裡。

我伸手拿取那根有著棍狀把手的追蹤棒、我的刀，還有老舊的皮帽。任何常常進入林地的人，在離家前都有一套例行公事，以及陪著他們深入未知境地的隨身器物。

外頭，黑暗被煤油燈點亮，它們帶著一種古老的熟悉感，在早晨的清冷空氣中閃爍。我在黑暗中從自家開車，穿過倫多洛茲的村莊，前往艾力克斯的住處。

艾力克斯比我大十歲，是南非最傑出的追蹤師之一，親近到足以跟我一起惹上麻煩，又年長到足以帶領我逃離困境。他是一位真正的良師益友。

茅草屋靜謐而沒有動靜。時間尚早，甚至連遊獵嚮導都還沒起床為當日準備。

艾力克斯的房子位在村莊的郊區，這似乎很恰當。他生活在文明讓位給荒野的邊緣，他所能忍受馴化事物的界線上。

艾力克斯是個矛盾人物。他生於富貴，卻又長於赤貧。十四歲的時候，他的家族失去一切。他告訴我，他記得自己餓到要等雞下蛋來吃。有時候，他會在住家對面的旅館草皮捉兔子，這當然讓旅館老闆很不爽。

他活在那樣的現實，而另一個現實是，親朋好友資助他就讀本地最頂尖的一所寄宿學校。他是受過良好教育的男孩，也是一個盜獵者，體內同時棲居著兩種角色，也正是這種矛盾心理，讓他成為一名成功的追蹤師。

「難以固定」的我

艾力克斯靠機智過活。他嘗過飢腸轆轆的滋味，反對除了自己之外的任何權威。從海岸來到灌木林的時候，他還是一個十九歲的少年，腦中只有一個念頭：這裡就是他的歸屬。

他之所以能踏進遊獵業，全憑一意孤行的韌性。被巡查員訓練課程淘汰之後，他拒絕離開看守小屋。他擔下粉刷戶外浴廁的工作，同時幫忙做營地雜務好幾個月，換得再次進入訓練課程的機會。此後，他一直待在這裡。

門打開來，艾力克斯身穿冬日早晨的衣著。矮壯結實的他，微笑時會歪嘴，

就算面對的是看過一千次的事情，

卻總能看出新東西。

這就是追蹤師看事情的方式。

大大的藍眼睛好像會說話，頭上那頂圓錐狀的羊毛帽微微偏向一側。他渾身散發一種隨時準備大鬧一場的感覺。

雖然艾力克斯是白人，帽子的戴法卻很有相岡（Shangaan）味。相岡是由狩獵採集者與貿易者組成的班圖（Bantu）部族，世世代代住在南非、莫三比克跟辛巴威之間的荒野領地。憑藉著奇特的幽默與風格，在把帽子戴得新鮮逗趣這方面，相岡人似乎擁有無窮的天賦。

「Uri yini mgedeze?」他問。難以固定的人啊，你有什麼要說的？

「Avuxeni majombaan.」我說。小靴子，早安。

「U vuyile I khale ndzi nga ku voni.」你回來啦，好久不見。

艾力克斯語言天分絕佳，對於相岡語的理解，讓相岡人的觀點與思考模式得以深深滲入他的存在。當店家老闆與坐在樹下的老人聽到，一個白人竟能把相岡族語說得這麼道地，我看到他們臉上的訝異與喜悅。

艾力克斯的曾曾祖父是阿非利卡人，也是南非語的創造者之一。活在一個被種族主義撕裂的國度，艾力克斯對相岡語言與文化的尊重，是一種療癒人心的實踐之道。

相岡人很有幫人取外號的獨特天分，可以給你一個捕捉性格的名稱。艾力克斯的外號叫「小靴子」（Ma-jom-baan），非常適合他矮小的身形與冒險的精神。

至於我，艾力克斯用「mgedeze」描述我漂泊不羈的天性。這個詞沒有直接的翻譯，意思大致等同「難以固定」。

這裡的某些人一直把我看作一個自由的靈魂，而人生中的某些時刻，我確實活在這個暱稱的陰影之下，沒有紀律，定義不明。

相岡人以身為南非最厲害的追蹤師聞名。這個部族由詩人與無賴組成，他們拋棄了祖魯人好戰的生活方式，走自己的路。因為開闊的心胸而厭惡鬥爭的他們，是善於觀察與述說故事的部族，完美體現了追蹤這種技藝型態。他們觀看，注意到細節，陷入故事中，放任故事把自己帶進波折跌宕的旅程。身為模仿者的他們可以吸收任何性情，從內到外了解各種生物。

艾力克斯在煮咖啡。回到他的住處，重拾往日習慣，感覺很棒。歷經多年，這樣的早晨漸漸演變。有些事情卻沒變：屋裡茅草的氣味，還有那張舊沙發。但有些事情變了。以前，在派對之後，我會看到艾力克斯醉倒在那張沙發上，除了內褲之外，一絲不掛；現在，他有了家室，光是妻子和女兒仍在房間裡睡覺這件事，就為這間屋子帶來一種更成熟的感覺，也讓屋裡的布置更有美感。也許我們的人生有所改變，深入林地的熱忱卻一如既往。

生活只在當下

「大概清晨三點的時候，我聽見一聲獅吼。」我說，「你有聽見嗎？」

「沒有，但半夜有一隻鬣狗在窗外吠叫，把貝拉吵醒。媽的，超大聲。」接著，他突然變正經，「好幾天都沒人看見獅子的蹤影。巡查員說遊客都在抱怨了。」

我倆跟雷尼斯一起為看守小屋擔任追蹤隊。不像遊獵嚮導，不受遊客干擾的我們，可以花好幾個小時追蹤獅子足跡。一旦找到獅子，我們就告訴嚮導該往哪去。

「Ahi fambi hi landza tinghala! 我們出發追蹤獅子吧！」艾力克斯篤定地說。

我們把咖啡拿到戶外，挨著前一晚篝火的餘燼坐著。附近一隻夜鷹在啼叫。親愛的天父，請引領我們。親愛的天父，請引領我們。

然後，雷尼斯．馬山傑．馬朗哥從黑暗中走出來。

雷尼斯身穿綠色的厚外套，頭戴圓錐形羊毛帽，以他典型的風格現身，帶著純然的喜悅，用低沉的聲音說：「哈囉，兄弟們。」

「Avuxeni mathanjane.」我們回答。早安。

「Hello but iuvuyile, ndzi tsakile ku ku voan. 很高興見到你們。」他跟我握手，用典型的相岡方式握了很久。

雷尼斯之於灌木林，就像漢彌頓（Laird Hamilton）之於夏威夷的衝浪文化。

「我不知道我們要去哪兒，
但我確切知道怎麼抵達那裡。」
這應該就是偉大追蹤師的座右銘。

他擁有的技術與實用知識是教不來的，那是從童年豐富的學習土壤中培養出的一種內在直覺，深知大自然環境如何運作。成長過程中，他在離此不遠之處，以古早的方式狩獵採集，長成一個真正的自然主義者，也是真正的荒野天才。他是活生生的橋梁，連接古老與現代，體現一種連他自己的族人都遺忘的生活方式。

雷尼斯知道，如何帶著與土地的每一次摩擦與每一種聲響調和的知覺，在荒野中移動。他知道如何看見在那裡的東西，也知道如何看見不在那裡的東西。不只聽見警告的呼聲，也聽見寂靜。雷尼斯以一種獨特的方式感知一切。

孩童時期，他的導師是飢餓與生存。他從口渴習得自然的智慧。雷尼斯懂得響蜜鴷的覓食方法，這種鳥會引導人類去破壞蜂窩取蜜，進而取得殘存的一些蜂蜜。

把野生鳥類當作自己的嚮導，很難想到比這個更具古老魅力、更與自然連結的生存之道。現代人從小被教育要活在競爭之中，雷尼斯不同，他活在與周遭環境深刻的關係裡。他知道如何趁疣豬挖掘白蟻丘時獵捕牠們，也知道怎麼烹煮烏龜。某種程度上，雷尼斯比我認識的任何人都更能採擷自身的動物野性，而這反而讓他更有真實的人性。

林地之中，雷尼斯猶如至寶。他是其他追蹤師跟丟足跡時會求助的對象。他懂得讓該發生的事情發生，各種小事。他能跟松鼠溝通，也能透過鳥鳴找到貓頭鷹或蟒蛇的位置。他讓我心中浮現「大師級」這個詞彙。對我而言，所謂大師就是可以在任何情況下做自己的人。雷尼斯活出這個定義。他達成了我們這個世代最難以達成的事情之一：在自己的身分與行為方面，全然不理會他人的評判。

「拜託你，不要到處亂留我的電話號碼。」艾力克斯對雷尼斯說，「昨天家電行打給我十通電話！他們說你沒繳CD播放器的欠款。」

「那台CD播放器根本不能用。」雷尼斯回答，一副自己根本沒有錯的樣子。

「上週車廠也打給我，講的是你那輛豐田的新輪胎。」艾力克斯舉起手放在耳邊，做出接聽電話的動作。

雷尼斯聳聳肩。他常常買自己不需要的東西，也常惹艾力克斯抓狂，為了某些商品，隨興接受讓自己入不敷出的信用卡方案，在家電行欠款。雷尼斯對此似乎並不煩憂，他總是能靠著獨特的技術在林地裡賺到錢。他不理解儲蓄的心態。

為了什麼而儲蓄？生活只在當下。有錢就花，有食物就吃。沒有未來可言。

似乎很少事情能真正讓他擔心。無憂無慮的力量形成強大的氣場，讓我不只一次懷疑雷尼斯是否其實悟出了什麼。也許，歷經數小時追蹤所需的絕對專注，他得到在東方會透過靜心獲得的頓悟，而在非洲，則是透過與足跡合一而獲得的心理昇華。在這塊土地上狩獵採集長大的經驗，讓他深知生命的即時性，非常善於活在當下，人們也樂於與他相處，卻也同時讓他在財務上負債累累。

出發去追尋

我們三人坐在黑暗中啜飲咖啡。隨著地球轉動，黑夜漸漸退場，頭上的星光轉為黯淡，我能聞到咖啡與木頭燃燒的淡淡香氣。長而白的刺槐垂掛在篝火上方。河流對岸某處，一隻巨大的鵰鴞發出喉音的啼叫。

這就是我們會做的：坐著等獅子吼。一直以來都是這樣。我們在等待呼喚。

比任何人都早起，準備就緒，仔細聆聽。

我在美國協助過的許多團體裡，許多人都跟我說，他們覺得自己終其一生都像在夢遊。每天做一樣的事，晚上就著新聞或社群媒體入睡。他們經歷著一種讓自己感覺比實際年老的抽離感。我懷疑，生而為人的一部分在自己的人生中睡著，是理所當然的事，這必會發生。這份理解對我來說似乎很重要。

離開夢遊人生狀態的旅途並不始於呼喚，而始於聽見呼喚的欲望。這份欲望本身就有一種能量。對我來說，要喚醒自我，有一部分似乎要從拉回生命的專注力開始。大部分的人都在看，但是沒有看見。跟我說自己像是在夢遊的那群人，在練習提高專注力、並且調整頻率去傾聽重回生命之路後，都說有了神奇的轉變。古人將此稱為不可或缺的知識。

身為追蹤師，我們要做的就是覺醒，就是聆聽。我們想要聽見內在的呼喚。追蹤始於對追蹤的想望。

在夜晚消逝前的最後一刻出現了。低沉有力的聲浪，穿過厚重冰冷的空氣而來。「惹啊啊啊啊惹惹惹啊啊——」

我們轉頭，朝向聲音的來處。

雷尼斯把手掌圈在耳旁，想聽得更清楚。我可以感覺到他在心裡丟出一顆石頭，朝廣大的林地與荒野丟去，試圖讓石頭的落點盡量靠近獅子的所在。

音量、方向、聲調、對於野生動物路徑的臨場知識——這一切組成一條公式，指明起源之地。

在早晨的靜謐之中，獅吼特別突出。對於一個在人生中睡去的人來說，這聲音會吸引並開啟你的注意力。

這聲獅吼讓雷尼斯的能量換檔。樹林對他有一股拉力，他跟樹林像是磁鐵的兩極，彼此強烈相吸。他想出發尋找獅子。不，更加深刻。他必須出發尋找獅子。

「聽起來，好像在萊斯潘一帶有一頭雄獅。」雷尼斯說的是那個以著名巡查員之名命名的水洞。「我想就在那一區。Ahi Fambi. 出發吧。」

魚肚白的天色把非洲酒樹的枝幹染成淺藍。

我們無法確知獅吼聲來自何處。荒野無邊無際，姑且不論獅子會咬人這事，光是找到可供跟隨的足跡，就是一大挑戰。但追蹤師的本能總是深入未知。我們帶著強大的好奇心過活。生命就是透過這種方式把我們拉進一種命運之中，那命運遠超過人類想像所及，無比宏大。我們在此基礎上茁壯，知道每一次出發去追尋，都會開啟與生命相遇的過程。

對雷尼斯與艾力克斯來說，未知是野性的訓練，而野性是跟生命的關係。不確定的因素太多，就會渾沌混亂；但不確定的因素太少，則形同死亡。

2 追蹤師的覺醒

大自然看不見你的地位、財富或階級。它只在乎你的存在，以及解讀跡象、分析地勢、翻譯荒野之聲的能力。是大自然讓眾生平等。

我們往外走向那輛車頂被鋸掉、後座被墊高一層的荒野路華。這輛越野車已在遊獵行程被操了很久，如今，帶著不復當年勇的老舊底盤和破爛方向盤，還缺了四輪驅動旋鈕，它被送給我們當作追蹤用車。

三人短暫爭執誰負責開車，這是老慣例。在冷冽的早晨開車並不好玩，門戶大開的車上，方向盤上的雙手會被凍成僵硬的爪子。

「Mgedeze！快點！坐上駕駛座。」艾力克斯喚著我的相岡語外號。

雖是隨口一說，這句話便是來自導師的命令。追蹤的過程裡，關於誰有發號施令的權力，階級尊卑是很清楚的：雷尼斯、艾力克斯，然後才輪到我。他們不會把這個排序講明。

在林地裡，階級排序並非源自規定，而是出於自然世界的誠實。大自然看不見你的地位、財富或階級。它只在乎你的存在，以及解讀跡象、分析地勢、翻譯荒野之聲的能力。是大自然讓眾生平等。

以慢制快

艾力克斯在生涯前期早早學會這一課。他當時才二十歲，剛開始在倫多洛茲擔任遊獵嚮導。雷尼斯是他的追蹤師，他們團隊合作，讓遊獵者看到「五大獸」：獅子、豹、犀牛、水牛、大象。少不更事的艾力克斯滿是年輕人的自傲，自詡能力卓越且知識豐富。他知道地形的走向，受過良好教育，能輕鬆跟客人互動。他知道所有樹木的學名。反觀，雷尼斯連讀寫都不會，沒有上過學，他當然不該在兩人之間占上風，對吧？

要釐清以上誤解，只需要十五分鐘，加上一頭母豹。

這頭名為「塔格彎」的母豹，以難以預測聞名，名字源自被她占為領地的一處河床。她的身形不大，瘦長結實，雙耳有些破損。我曾聽人形容她是「被絲絨包裹的鋼纜」。她的領地是一片林蔭濃密的乾涸河床，似乎反映了她的神祕本性。

車行之間，雷尼斯在與路交叉的排水道旁，一片軟沙地上看見她的足跡。

「Ingwe.」他說。豹。

在野生動物的世界裡，
沒有所謂的「應該如何」。

艾力克斯把車停下，兩人下車去察看足跡，試著估量其新舊。看來那頭豹在幾小時前才行經此地，他們決定追蹤她。

很愛故作勇猛的艾力克斯回頭跟客人們說：「麻煩你們都先待在越野車上。我跟雷尼斯要沿著這條河去追蹤那些足跡。」接著，他用很帥的動作取下車頂架上的步槍。「坐好了，等我們回來，會帶一頭豹給你們看。」

艾力克斯扛著步槍，也就是說，理論上他要負責自己跟雷尼斯的安全。雷尼斯跟著足跡前進，他們漸漸往河床林蔭深處走去。

接下來發生的事，是灌木叢裡最可怕的噩夢。艾力克斯跟雷尼斯直接走進那頭母豹的巢穴，裡頭還有一隻嗷嗷待哺的幼豹。

此刻，他們陷入一種奇怪的迷惘狀態：幾分鐘之前，做著夢幻工作的你正在越野車上跟遊客閒聊；下一刻，你就站在死亡邊緣。處境改變之快，幾乎讓人不可理解。

那頭母豹突然從陰影裡衝出來，尖牙利齒，眼前景象瞬間變得一片模糊。她的吼聲刺耳，如用力催動的越野摩托車。她腳踩著之字形，沿著排水道疾奔而至。

世人懼怕豹，正因為牠們往前衝刺的速度之快，能造成的損傷甚巨。牠們會用下顎與前掌攻擊獵物的頭頸，同時用後腿耙爛身軀。

當那頭豹與艾力克斯之間的距離瞬間縮小，他往後退了一步，被木頭絆倒，步槍從手上飛出。他四腳朝天倒下，待他坐起，那頭豹猛然剎車，幾乎就在艾力克斯的腳邊暫時停止攻擊。她俯視艾力克斯，低吼聲中挾著一種致命的威脅。

後來艾力克斯告訴我，當時他確定自己會被那頭豹殺掉。艾力克斯的嘴裡都是沙，因為豹在柔軟的沙礫上剎車，霎時塵土飛揚。腎上腺素大幅提升視覺的敏銳程度，所以他清楚看見豹的牙齦正在顫動。

就在此刻，他聽見身後傳來雷尼斯平靜穩定的聲音：「Majombaanun gandzi languti matihlo. 艾力克斯，不要直視她的眼睛。Majombaan yima, yima. 小靴子，等等，等等。」

雷尼斯正用自身穩定的能量，來影響這起意外事件的結果。他用自己的冷靜自持，讓艾力克斯與那頭母豹也跟著冷靜下來，同時讓她知道他們的意圖。

快速移動會被誤解為具有攻擊性。在自然世界的傳統中，以及在當嚮導的生涯裡，雷尼斯總是說著古老的語言，那是能與動物能量連結的語言。他運用自己的肢體、動作，以及說話的聲調，來創造並傳達一種感覺，不只對艾力克斯，同時也對那頭豹訴說。在什麼事都可能飛快發生的處境當中，雷尼斯以慢制快，如此才能爭取更多時間與對話空間。

他用追蹤師之眼看向她，那雙眼睛受過訓練，能注意到豹的肢體語言與能量的細微改變。這些因素的改變幾乎無法察覺，只在吼聲音調上有一丁點不同。就在這個剎那，雷尼斯告訴艾力克斯：「就是現在，慢慢往後移動。」

這個動作很可能讓豹猛撲，但雷尼斯捕捉到完美的撤退時機。

艾力克斯向後移動，而那頭豹仍停在原地。艾力克斯感覺到雷尼斯的手按上他的肩膀，全然冷靜的他把艾力克斯帶回安全之處。

導師的地位就是這樣來的，不是透過頭銜或是言語，而是透過行動。

倒在地上，面對一頭豹，人會感到徹底的孤立無援。在風險如此高的情況下得到指引，會催生一種現代生活中很罕見的羈絆。

從此之後，艾力克斯致力於學習古老的追蹤技藝。他的自傲煙消雲散，取而代之的是，艾力克斯知道有一個男人可以教導他想要學習的東西。

往後十年，雷尼斯跟艾力克斯一起帶領遊獵，過程中雷尼斯也教會艾力克斯相岡語，以及林中法則。

最讓艾力克斯動容的是，雷尼斯從來沒有因為他跌倒丟槍而輕蔑他，或是為他感到丟臉。叢林就是老師，其他都不用多說。

在荒野與大自然交談

當我轉動鑰匙，輪胎後方的引擎劈啪響，然後是差點熄火的聲音。車子往空氣中噴出一口黑煙之後，我們就啟程了。

艾力克斯坐我旁邊，雷尼斯坐在追蹤椅上。那是被焊接在引擎罩上的特殊座位。貓科動物常踏上獸徑，而這個位子可以讓雷尼斯在破曉時分清楚看見路上的足跡。

雷尼斯為了禦寒而穿上外套，披著毛毯，讓他看起來壯得像座山，而他也確實如此。五十多歲的他依舊非常健壯，滿身肌肉，前臂粗大，肩膀寬闊，配上頑皮的笑容，根本就是一個討喜的惡棍。

就在此時，雷尼斯從位子上轉過身來，向我們宣告：「Buti，你們知不知道，我從來沒被女生拒絕過。那是因為我小時候吃很多疣豬肉，所以我的體味很好聞。」他因為自己的玩笑話而狂笑。雷尼斯常會突然說些妙事，儘管我們並沒有想聽。

從營區出發時，天色仍暗。屋裡的燈光開始一戶一戶點亮。其他嚮導才正要起床，為早上的遊獵整理裝備。破曉之前，扛著步槍的人影移動著。一隻鬣狗帶著罪惡感的表情走過營區。

出發五分鐘之後，晨曦將天空染成深橘，太陽從地平線露臉。動物喜歡在太陽剛升起的涼爽時段活動。低光源在路面形成對比效果，讓足跡顯露。早晨時光的無邊魅力幾乎可以伸手觸摸。晚點，早上的氣溫會升高，貓科動物會躲到樹蔭底下，而黎明的能量會讓位給熱浪帶來的慵懶。正午是非洲的奇異時刻，炎熱、靜止，沒有半點動靜。比起半夜，正午更像幽魂出沒的時間。

追蹤的黃金時間只有幾個小時，我可以感覺到咱們三人都急欲踏上追蹤路徑。我們現在所走的泥巴路，從昨天下午之後就沒有車子經過，這對於坐在前面的雷尼斯而言，充滿著關於動物行蹤的資訊：公豹的足跡、滾動的豪豬遺落的刺、兩頭雄性安氏林羚剛剛留下的腳印。

見到腳印不久之後，我們就看到旁邊出現兩頭林羚，以盛裝舞步般的慢動作試探彼此，試圖建立宰制權。古時候的人會觀察動物的動作，那些早期的模仿演化成最初的舞蹈。身處荒野，很容易看出人類文化的基礎。

看著雷尼斯從越野車的前方標示出這些東西，讓我更容易追尋他先人的足跡，回溯到科學與藝術的根源。遠古的追蹤師在柔軟沙地上看到動物足印，了解到這些抽象的形狀代表些什麼。先人對於地上所見而給出的假定與推測，被解讀為一種生存的方式。追蹤形塑了人類智能的演化；追蹤是我們這個物種所述說的第一則故事。當你追蹤一隻動物的足跡，你就跟每一個曾經閱讀過這片土地的人產生連結，也跟每一個曾經走過這條路徑的古老文化產生了連結。

追蹤是每個人生來就有的權利，也是人類如何與大自然交談的原生記憶。

用新眼光看一切事物

我們經過一群在風車木林進食的大象。雷尼斯轉頭問我：「牠們喜歡在這個時間用餐，你知道為什麼嗎？」

我還沒來得及回答，他就接著說：「我想是因為枝幹上有露珠，牠們喜歡這種飽含水分的口感。我是這麼想的。」

我從來沒想過這個問題，而這揭露了一項缺點：我傾向於接受眼睛所見。雷尼斯總是看得更細，總是想問為什麼。他擁有檢視生命這面壁紙的天賦。

面對看過一千次的事情，卻總能看出新東西，這就是追蹤師看事情的方式。終其一生，雷尼斯每天早晨都前往灌木林。他已經五十五歲了，但是每一天，他都用新的眼光看一切事物，並問自己：「為什麼？」

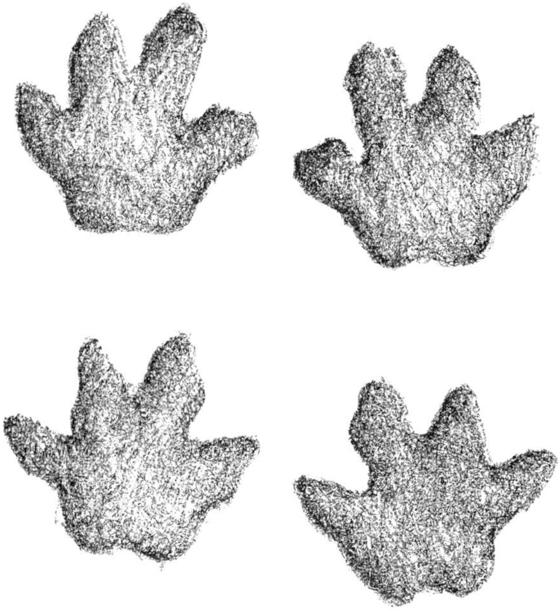

我們總是執著於完美以及正確，
想要直接找到「獅子」。
我們不明白起初幾組腳印的意義，
不懂得應該將自身投資於發現的過程，
而非結果。

兩頭正要前往水洞的河馬，行經我們眼前。我深吸一口氣，試著用新的眼光看牠們。灌木林是承載著感知的地景。有一種看不到的存在，那種感覺像是莊嚴美麗的大教堂誘發的崇敬之情。

看不到，但是感覺得到。人們渴望那無形的存在。荒野是一種關係的空間，語言的隔閡在此地讓位給萬物內在深層的連結。

還記得，我曾在贊比西河谷某處被人遺忘的土地上，待了一個星期，就為了找尋世上最罕見的鳥類之一：釣魚貓頭鷹（Pel's fishing owl）。

每一天，我走在河岸，抬頭細察茂密的桃花心木，試圖找到牠白天的棲息處。我在一個池塘上方找到一根樹幹，發現了牠的羽毛。我從殘存的魚鱗得知，這就是牠夜間捕魚的地點。我追蹤的是一隻從不落地的生物，但對於追蹤師來說，仍存在種種跡象。

夜晚，我躺在帳篷裡，方圓數里空無一人。沒有睡著的我聽見了釣魚貓頭鷹的叫聲，那猶如鬼魅一般的怪異鳴叫，像是從黑暗中嘲笑著我。

釣魚貓頭鷹這種鳥類，只現身在荒野最深處。光線、聲響，或是任何與人類行為有關的東西，都跟牠的天性牴觸。

釣魚貓頭鷹正是一種象徵，代表你身處極少人踏足的野外。在那裡，你身處的原始環境會讓深埋在你之內的本性，自然顯現。現代生活受到潛藏的憂鬱與焦慮所侵擾——**這些症狀來自一種沒被診斷出來的思鄉病，想要感覺到自己歸屬於更偉大的生態系，想知道自己身處於關係，而非疏離之中。**

當我終於在追蹤的第七天晚上找到那隻鳥，牠用我所見過最黑的一雙眼睛俯視著我。那眼光似乎用黑暗穿透了我的身體。

那個瞬間，我知道某件非常重要的事情發生了。

我是一個喜歡祕密的人，總覺得，只能在被遺忘之處真正認識自己。我遇見某個被世界遺忘很久的東西，某個荒野路徑上的東西。曾經，這種停下來才能遇見的生活，對我們全體人類而言，是最自然的狀態。正是透過這些相遇，荒野讓我們觸及內心那些在現代社會往往未被探訪的地方。

這是我一直在尋找的，也是我一直在幫助人們尋找的。

越野車沿著路繼續前行，經過老風車木與開花的金合歡。艾力克斯靜靜坐在我旁邊，這種沉默只在老朋友之間顯得自在。我們經過一條叫作「馬沙凡尼」的水道，意思是「沙之河」。雷尼斯舉起手。

他說：「Famba ka tsongo. 慢一點。」

二十分鐘的車程之後，我們接近萊斯潘這一帶。雷尼斯認為獅吼可能來自此處。出了水道，地勢漸漸展開成廣闊的沙地，水洞就在北端。來喝水的動物把地上的沙子踐踏成細緻的白色粉末，萊斯潘就是地上的一個大泥坑。

「Yima kwalani. 就在這裡停車。」雷尼斯邊說邊從追蹤座位上躍下。

艾力克斯說：「我們去瞧瞧。」

我們緩慢行走，地面上有無數各式各樣的足跡。層層堆疊的資訊，被土地記錄的事情順序。當我走過，只看到簡單的2D圖畫：斑馬踏在牛羚的腳印上，接著又被疣豬踩過，都是來喝水的。

對雷尼斯來說（或許艾力克斯也是），我想同樣的場景就像是3D的全息投影。眼前的訊息隱藏不可思議的細節，加工處理之後，動物的影像依序出現，幾乎像是活生生的。3D的敘事在他們心裡播放，水洞附近發生過什麼，一清二楚。

足跡不只告訴他們哪些動物來過。動物行為的微小細節等著被解釋：潛羚疾奔過凹陷的土地，動作緩慢的長頸鹿踩著優雅的大步。每個足跡都保有一種動態、情緒，以及韻律。

讓注意力回到野性的自我

小時候，雷尼斯會把我帶到獸徑，那是叢林中從空地走到水源處的動物踏出來的小道。

他會指示我：「沿著這條路走，告訴我你看到什麼。」

我就會沿著小徑走，看到一群黑斑羚的足跡，然後是河馬的四趾腳印，巨大無比。

我會回報：「河馬跟黑斑羚。」

「Famba uya languta futhi. 再去看一次。」

這次，我在河馬的腳印下看到不明顯的貘屬足跡，那是松鼠往一棵樹跳躍時所留下的，同一個地方還有犀鳥在沙塵裡打滾的痕跡。

「現在，邊走邊聽。」雷尼斯接著說，「邊走邊聽，還要聞。」

每一次，都會出現新的資訊。我像是一具樂器，調整自己的音調，去適應周遭的環境。在往後的人生裡，我漸漸了解，對於這些資訊及其激發的感覺的意識——對你來說重要的人、讓你得到生命力的事物、意義的到來——是一種獨特的感知：追蹤意識。若不知道怎麼看，很容易錯失這個資訊。追蹤意識的重點就是與周遭人事物的協調程度。追蹤意識讓你在道路出現的時候認出它，追蹤意識教你看見對你來說重要的東西。

我記得青少年時期的另一天，我心中開始出現追蹤的執念。我們穿過動物無法棲息的地形與被烈日烤熟的地層，去追蹤一頭獅子。歸心似箭的雷尼斯想要趕快把工作搞定，他在小徑上快速移動，如同子彈。我記得常要發足奔跑才能趕上他。他用手中的棍棒圈出足跡，但就算這樣，那些足跡對當時的我而言仍是隱形的。

他說：「你一定要訓練自己去看見足跡。」我們花了一個半小時找到獅子，在這段時間裡，我連一個清楚的足跡都沒能辨認出來。那在人生之中，我是否也錯失了什麼可以走的路？此中含義，耐人尋味。

身為追蹤師的我因此感到震撼，但當我後來開始擔任人生教練，並在儀式中與人共事，這個念頭有了全新的深度。生命是充滿資訊的。「你一定要訓練自己，去看清自己在找尋什麼。」

這並不如聽起來那般簡單，原因之一就是，這並不符合理性。你無法靠著思考找出通往天職的道路。找到專屬自己的東西，需要的不只是理性。你必須聽懂身體在說什麼；你必須了解自己知道什麼，如何知道；你必須追逐感覺、感官，與本能內部的路徑，比「應該如何」的概念更深入的誠實與真實；你必須學會追尋內在更深層、更狂野、更睿智的地方。

追蹤意識是一種能力，讓你帶著辨別力解讀人生的荒野，同時了解內在的地勢。自然界裡的每個生命都知道如何做自己。樹木知道要以蓓蕾迎接春天，蜜蜂天生就會受花朵吸引，豹子生來就知道自己是孤身的守護者，而獅子了解自己是為群體而生。我們也是自然界的一部分，而每個人內在都有一個野性的自我，深明自己為何而生。每個人內在都藏著一份天生且天然的知識，知道我們生在這個世界的原因。所謂追蹤，就是重新引導注意力，把意識帶回屬於野性自我的那條幽微的內在小徑，學會如何看見道路。

然而，大部分的人都被現代生活過度社會化，失去屬於野性自我的路徑。我們把注意力往外引導，聚焦於所處文化裡的種種社會提示；我們讓別人定義了自身的道路、價值，以及目的。我們在「應該如何」裡迷失。

「應該如何」裡滿是陷阱——社會與自我局限所設下的陷阱。在野生動物的世界裡，沒有所謂的「應該如何」。你的所知遠比「應該如何」深入。沒有人能告訴你，你的追蹤會是如何，或是教你弄清什麼在呼喚著你，什麼能讓你感覺活著。那是你的工作。但一個偉大的追蹤師可以問：怎樣才能知道自己愛著一件事？當你完整表達自我時，有什麼樣的感覺？記住那份感覺，然後開始追尋。不是尋找那件事，而是尋找那份感覺。一定找得到，只要你能夠調整自身的頻率，只要你能夠聽懂人生的荒野一直在對你訴說的言語。注意力塑造了追蹤師的人生方向，我們一定要讓注意力回到野性的自我。

現在，雷尼斯就在塵土上做這樣的事。他踏著弧度愈來愈大的拱形前進，掃描著被數百隻動物的腳與蹄踐踏過的土地。他的態度是輕鬆的，不擔心錯失足跡，甚至也不在意能否找到。他只是對周遭的大地徹底敞開胸懷。

甚至還沒意識到自己發現足跡，他就做出反應，就像肌肉記憶比意識思考還快的拳擊手。在紛亂雜沓的刮痕與蹄印之間，在糞便與木頭之間，在百萬種訊息之間，在尺寸直逼歐洲小國的荒野裡的所有雜音之間，他辨識出獅子的足跡。他把自己放進野性呼喚的範圍，而就在此刻，有如魔法一般，他把我們人生的絲線與獅子模糊足跡的絲線編織在一起。

他看見自己要找尋的東西。他訓練自己去看見。就這樣，我們正式踏上追蹤獅子之旅。

3 走上父親這條路

雷尼斯、艾力克斯和我正走在父親們的土地上。

父親會在兒子身上留下痕跡，以一種抱負、失望，或恐懼的形式活在你心裡。無論是害怕自己無法變成他，或是害怕自己終會變成他，父親都存在你情緒的骨幹裡、存在你腦中的聲音裡、存在你對自己的期許裡、存在你的強項與弱點的陰影裡。不管兩人關係多好，父子之間都有一種緊張。

父親就是一條路：我們選擇踏上，或者選擇迴避的道路。雷尼斯與艾力克斯選擇與他們的父親背道而馳。

雷尼斯的父親是一個會毆打兒子的危險男人。正因如此，這種危險在雷尼斯身上養成習慣性的警覺。有人說過，酒鬼的小孩光是聽鑰匙放到玄關桌上的聲音，就能判斷那天晚上將會遭受何種對待。他們開發出對徵兆、聲響，甚至是房內氛圍的一種敏銳感知。

有時，我們的療癒以奇特的形式到來。與父親共處的童年，讓雷尼斯不錯失任何細節，而成為一名純熟的追蹤師，也給予他優秀的社交技巧。他能注意到社交互動中的細微訊息，快速讓他人感到自在。

跟艾力克斯一起環遊世界各地時，雷尼斯正是靠著讓自身頻率與外人以及社會保持一致，而輕易融入各國的社交互動。雷尼斯的追蹤師特質，正是源自這份自小培養的警覺。他的父親教會他如何注意，然後推斷。成為追蹤師之後，這些技巧一直跟著他。

艾力克斯的父親則是一個內省式的內向男人，對於文化認同之下的男子氣概毫無興趣。青少年時期，他的理想雖被父親拒絕，但仍吸引著他，他也因此發展出與父親的柔和完全相反的侵略式強韌性格。

某次，艾力克斯與兩名巡查員在林地裡騎腳踏車，前方出現一群覓食的大象。他們把車停下，在遠處站著觀看這群大象。突然，土地震動，後方傳來猶如機關槍掃射的可怕聲響。艾力克斯一轉身，看見一頭跟群體分開的成年母象朝他們三人衝來。

本來，腳踏車讓他們可以快速地悄然接近，如今他們處在母象與群體之間，這讓母象慌張，也因此變得致命。剛剛那陣如機關槍響的聲音，是那頭母象發動攻擊，像一輛卡車朝三人衝去時、踩碎一棵棵矮樹所發出的。

一個巡查員丟下腳踏車跑進樹叢，另一個連人帶車，躲到茂密的林木後面。體內仍有父親殘存影響的艾力克斯依本能行事：他跳上腳踏車，朝象群直衝而去。遇到事情總是想要迴避的父親，讓艾力克斯成為朝事情直奔而去的男人。

在他的全力加速之下，車子的踏板嘎嘎作響，身後又驚又怒的成年母象愈來愈靠近。他知道自己隨時可能被踩成肉餅。

他在幾秒內逼近前方的象群，急轉穿過一頭年輕公象、一頭年老母象，以及一頭幼象。老母象揮動象鼻，艾力克斯低頭避過這波力量大到足以斬首的攻擊。整個象群都躁動不已，發出尖銳鳴叫。艾力克斯準備好赴死了。突然間，他騎出重圍，與象群的距離拉遠。不敢停止踩踏的艾力克斯轉頭往後看，那頭成年母象站在被巡查員丟下的腳踏車旁，用長牙將其搗毀，再用膝蓋將其壓碎。

艾力克斯騎回營地，兩隻瞪大的藍色眼睛裡滿是驚駭。我到他家的時候，他正喝著不加冰的純威士忌。

「老弟，我差點被大象踩死。」他說，「這是我遇過最驚險的狀況，真的九死一生。」

然而，再清楚不過了：他一輩子都帶著這種往生命險處急衝而去的傾向。這份狂野的韌性，是父親給他的禮物。

創傷可以流傳，療癒何嘗不是

接著談談我的父親，創造這個野生動物保護區的男人。從很多方面看，他都是一個夢想家。對於父親的美好心腸，我沒有一點質疑，但他是在老一輩那套「自己想辦法」的獵人態度裡長大，這讓我以為學習是一件可恥的事情。「不知道怎麼生火？自己想辦法。」「不會幫動物屍體剝皮？自己想辦法。」這些言語藏著層層輕蔑。我可以聽見他的父親與他父親的父親，透過他的嘴巴喊出這些聲音，那是一種創傷，穿越時空而來。

他總是期待我自己想辦法，但他高估了我的能力。我常常不知道怎麼做，但這種輕蔑讓我覺得自己應該知道，縱使從來沒有人教過我。這在我心裡種下了可怕的不確定感與自卑感。我的能力似乎永遠無法符合他的期待。這在父子之間很常見，這種情勢創造出一股固有的緊張。正因如此，在原住民的傳統文化裡，年輕男子的導師都是親近的男性親戚，從來不會是父親。

在學習相信自己的旅程中，雷尼斯與艾力克斯扮演了重要的角色，尤其是艾力克斯。受到雷尼斯教導的他，成了我的導師。創傷可以流傳，療癒何嘗不是。

我記得高中時有一整個夏天，我跟艾力克斯一起住在他的小房子裡。男人之間的師徒關係，往往源自生活上的接近。**教導並非言傳，而是耳濡目染**。幾千年來，男人們一起跳舞、走路、移動，教導彼此自然之道。他們在星空下安睡，在樹蔭底歇息。他們述說故事，跟彼此相處，並且一同面對危險，同時教育彼此。

男人需要荒野與未知的這些面向，才能探知自己身心靈裡更為原始的部分。

每天早晨，艾力克斯會帶我出去追蹤犀牛，慢慢讓我知道如何熟悉這個動物的移動方式。他教我注意犀牛的前腳在草地壓出的痕跡，還有腳趾上奇怪的半月形。

跟雷尼斯的做法一樣，艾力克斯會先讓我主導，然後在我跟丟足跡的時候做出指引，但感覺起來總像是我們一起追蹤。在這種合作氛圍之中，我感受到的是對方的支持，而非居高臨下的優越感。

追蹤的時候，我們與曾經存在過的所有追蹤師產生共鳴，進入一個古老的連結。那個血統與譜系幫助他們找到自己，作為天神抑或暴君的父親已經在更遠大的集體連結裡失去重要性。在雷尼斯、艾力克斯與我之間竄流的能量，是一種父子時光的重現。以最純粹的型態，父親的典型引領你活出最好的自己。透過師徒關係，我們找到給予彼此這份父子之情的方式。

下午的時候，我們會在非洲的烈日之下奔跑，或到營地邊緣的陽春健身房做重訓。隨著身體愈來愈強壯健美，我開始將自己看作一個追蹤師。某些夜裡，我們一起飲酒；其他晚上，我們走在月光下，因為野性的危險活力以及被喚醒的警覺心而產生悸動。

跟他們一起出去幾週之後，我對追蹤的理解開始改變。追蹤很像學一門外語：單一足跡就像單字，走在小徑上可能會看見幾個，然後它們會組成笨拙的短語。如果停止繼續練習說外語，學習效果會消退；反之，愈常練習，這個語言就會愈形自然，你就會講得愈加流利。

對我來說，那些短語就在某一個下午化為流暢的句子。艾力克斯在營地有一些工作要做，於是我獨自外出。我遇上大型公犀牛的足跡，牠剛剛在水洞泡過，身上覆蓋著厚厚的黑泥。從水洞離去的足跡很容易辨識，因為犀牛只要經過茂密的灌木叢，身上的汙泥就會被刮到枝葉上。從牠身體滴下的泥水，就像〈糖果屋〉裡的麵包屑，我可以輕鬆沿著沾了汙泥的樹叢走。

追蹤這個痕跡幾公里之後，我知道牠身上的泥巴開始風乾。泥水的痕跡愈來愈不明顯，接下來，就連一點泥巴都沒有了。毫不遲疑，我立即把目光從泥巴轉移到三趾留下的苜蓿形蹄印上。突然之間，所有堆疊在我腦裡，儲存為追蹤參照的影像開始浮現。我注意到壓痕、刮痕，以及三噸重的身軀經過樹幹時磨出的光滑樹皮；我看見被踏平的野草，以及前趾留下的半月形。我走在牠走過的路上，迅速而且順暢。那趟簡單的追蹤幫我打通任督二脈，讓我可以放鬆做自己。

找到一件讓自己入迷到忘我的事

追蹤的過程就是如此自然寫意，讓我感覺自己正要進入一個全新的境界。我可以預知路徑的細微改變，就連最不顯眼的足跡也像刻意設置的標誌一樣，被我輕易看見。就好像到法國當交換生，感受幾個月的孤立與隔閡之後，語言漸通。突然之間，你對法國的人、地、文化都生出歸屬感。同樣地，突然之間，我成了叢林故事的一部分。

追蹤的路途很長，我全程都沒想到自己。「我」的概念轉化，融入比自身更為遠大的東西。我全心投入，徹底忘卻時間以及個人微不足道的神經質。隨著自我逐漸消失，我感受到動物與樹木的能量流，以及鳥和雲朵的無聲存在。在這樣的一體之中，每個東西都在本質上變得充滿意義，連自身在當下的存在都脫離了過往與未來。有幸處於那樣的經驗之中，對我來說遠不僅是足夠而已。我領悟到自己的生命並非被體現為某種悠遠的結果，而是在此時此刻進入一種自足的無限狀態。

重點不是成為什麼大人物，
而是找到一件讓自己入迷到忘我的事情。

在那天之前，我一直以為自己必須在這個世界上成為某個大人物。那頭犀牛與牠走過的路徑教會我不同的道理：**重點不是成為什麼大人物，而是找到一件讓自己入迷到忘我的事情。**

就在日落之前，我在一片林間空地找到那頭公犀牛。風向對我有利，加上牠的視力並不強，我可以靠牠很近，只有幾碼之遙。一整天下來，牠都用那史前巨獸的腳留下供我追隨的痕跡。

跟牠獨處的此刻，我的心裡有一種深切的感受，覺得牠把我引至所有野生動物棲居的永恆意識裡。在這個無語的領地，沒有流動的思想去分隔彼此，無縫的一體取代了自我的意識。

在這個狀態之中，對於艾力克斯給我的教育，我有著一份深深的感激。這份感激也一路延伸到教育艾力克斯的雷尼斯那裡。就算他們當下不在我身旁，透過知識與經驗的分享，他們的存在早已深植體內。

我學會怎麼學習。用先人所理解的方式，導師化解開了父子之間的壓力。有了這份新的信心，我能帶著更深的自信去「自己想辦法」。也因為這樣，一份新的勇氣讓我體悟父親勇於面對任何挑戰的意願。

父親的足跡，是為了讓你在自己身上找到他的存在，找到他給予你，以及他未能給予你的。你必須善用這兩種面向，因為浴火重生的療癒力正內建於這種關係之中。

4 找到第一組足跡

雷尼斯吹了短促的一聲口哨，吸引我們注意。

他把手握成拳，只有食指朝下，意思就是「來看這足跡」。

為了在密林中與彼此溝通，我們開發出一系列的哨聲與手語。尖銳的口哨代表：「回來足跡這裡。」略帶失落的長音代表：「這裡沒有足跡。」

用身體感覺

雷尼斯開始在追蹤路徑上移動，我看著他讓獅子進駐自己的身體。他已進入足跡的韻律，配合獅子步伐的同時，也加快前行的速度。這對雷尼斯來說幾乎是反射動作。他允許身體的智能去反映獅子的動作，透過這種方式與那頭野獸產生一種共鳴。

美國追蹤師湯姆・布朗（Tom Brown）曾說：「第一組足跡就是繩子的一端。另一端，有生物在移動。」從第一組足跡連結到某處悄然前行的動物之間的線是動態的，它會傳達動物的情緒、步履的節奏、速度，以及行為。

牠是否為了標示領地，而明白留下刮痕？牠是否慵懶地往水源處慢跑？牠是否為了找到侵入領地的另一隻雄獸而快速移動，打算跟對方一戰？對一個追蹤師來說，追蹤的路徑滿是動態資訊。

雷尼斯把身體看作一具野性而自然、充滿本能智慧的器械。他知道怎麼思考，也知道怎麼感受。他透過身體在路徑上移動的感受去感知獅子。

看著雷尼斯，我訝異於現代人與自己的身體竟是如此脫節。過分強調思考的現代文化，已經忘記身體與生俱來的知識。忘了身體的訊號就是指標，身體知道要怎樣才能健康；忘了身體能夠透過感覺，來告訴你什麼對自己好，什麼對自己不好。我們必須學會解讀身體的微妙足跡：感覺對的時候身體的放鬆與舒張，處在不該處的狀態時身體的收縮與緊繃。有時候，身體不得不生病，好讓我們傾聽它的訊息。

長久以來，對男人來說，感受一直受到禁止。**我們已經跟本能脫節。把注意力帶回身體展現的景致，才能找到野性的自我留下的蹤跡。**

我們必須學會解讀身體的微妙足跡：
感覺對的時候身體的放鬆與舒張，
處在不該處的狀態時身體的收縮與緊繃。

一邊靠近足跡，我用理性弄懂了雷尼斯用本能計算出來的東西。花在追蹤上的無數個小時，已經將他的潛意識重新編碼。他的完熟技藝早已超越按部就班的過程，讓他得以協調自身，融入追蹤之中，就像有些人不用思考也能開車一樣。他做了許多困難的工作，但看起來又像什麼都沒做。

我慢慢領會雷尼斯在剎那間計算出來的東西。寬大的後腳肉墊告訴我們獅子的尺寸，是一頭成年雄獅。再經細查，我發現他的足跡覆蓋在一隻夜行性藪兔的足跡上，表示他是在藪兔離開之後的清晨經過的。比較接近圓錐形的後腳足印，距離比較接近圓形的前爪痕跡十幾公分，讓我們知道他走得很快。當獅子以這樣的速度行走，要徒步追上他會把人累死。每走一、兩公里，我們跟獅子之間的距離只會愈來愈遠。獅子的行走能力非常驚人。

我說：「我覺得我們追不上牠。」

雷尼斯說：「Hi ta swi kuma. 我們會追到。」

他的信心爆棚。他內在的聲音不是用來批評與毀壞，而是鼓舞與建造。在人生教練的領域裡，我們把這個稱為支持性的自我對話。他說：「**我不知道我們要**

我們已經跟本能脫節。
把注意力帶回身體展現的景致，
才能找到野性的自我留下的蹤跡。

去哪兒，但我確切知道怎麼抵達那裡。」

我略作停頓，感受到這個重要的概念進駐心裡。在人生的不同時刻，雷尼斯常常對我說出類似這樣的名言。不假思索的一個短句，有時候是不純熟的英語，卻捕捉到正在經歷的旅程精髓。他就像追蹤界的禪師。

「我不知道我們要去哪兒，但我確切知道怎麼抵達那裡。」這應該就是偉大追蹤師的座右銘。

別的時候，雷尼斯曾對我說：「足跡。足跡。足跡。」我知道他是要我找到第一組足跡，然後下一組，接著再下一組。他不會眼高手低，把希望寄託在未來找到獅子的微小可能。他從當下掌握的東西開始努力。

約瑟夫·坎伯（Joseph Campbell）曾說：「**如果你能看見整條人生道路在眼前展開，那就不是你的人生道路。**」無論人生或叢林，我們都無法讓路線完整呈現眼前。我們面對的是巨大的未知，如果幸運，也許能找到第一組足跡；然後，下一組。

把巨大的不可能，化為一個個微小足跡

在個人的生命裡，我常為第一組足跡所苦。充滿遠大的抱負以及成就偉業的欲望，我往往找不到微小的起點，以及下一個微小的起點。我無法把巨大的可能性分解為實際的小行動；我無法相信把今日應當做的做好，隨著時光推移，就會帶來具有偉大潛力的道路與成果。我必須學習如何投身於轉變的過程，而不是急著轉變。要得到作品，就不能跳過創作的過程。

在這裡，這項難題再度來到我的眼前，此時此刻，活生生的。四個清晰的趾印圍繞著一個葉形，找到獅子的希望就從這個人類手掌大小的貓科足印開始。以這個獸跡為起點，鏡頭往後拉，你會看到三個男人站在林間空地，十株形狀古老的風車木將我們圈起，如同畫框。鏡頭繼續往後拉，你會看見倫多洛茲野生動物保護區。再往後拉，你會發現構成大林波波河跨境公園（Great Limpopo Transfrontier Park）的一千萬公頃荒野之中，倫多洛茲只不過是一個小斑點。

這個巨大無比的跨境公園連接了世界知名的南非克魯格國家公園、辛巴威的

戈納雷若國家公園（Gonarezhou National Park），以及莫三比克的林波波河國家公園（Limpopo National Park），是第一座跨越三個國家的公園。

這片荒野有一種磁力。對我來說，這是童年所在，也是想像力的原鄉。

打從有記憶以來，艾力克斯一直夢想著搬來這片土地居住。他最初的童年回憶之一，就是坐在家人開往克魯格國家公園的車上，看著窗外的林地景觀。對於一個來自海岸的男孩而言，這片土地乾燥得嚇人，而炎熱幾乎像是飽含敵意一般。這一切訴說著對於堅強的要求，這個地方會把你淬鍊成一個男人。雷尼斯也明白，因為他就成長於南方幾公里之外。

要在今日齊聚於此，一起踏在這條追蹤獅子的路徑上，我們三人必須歷經好多事。在這片荒野，我們的人生因為奇妙的命運而交織。

在如此廣袤的地方找一隻特定的動物，這種大海撈針般的任務，會讓人寧願待在家裡不出門。但**追蹤師懂得把巨大的不可能分解為一組又一組的足跡，帶著這樣的心態，凡事都變得可能。**

我想起我遇過的那些人，他們想要新生活的完整展望，然後從現在所處的位置直接跳進理想。我想起我遇過的那些人，他們告訴我，只要確切知道自己真正想做什麼，就會立刻辭去手邊那份摧毀靈魂的工作。**執著於完美以及正確，我們總想要直接找到「獅子」。我們不明白起初幾組腳印的意義，不懂得應該將自身投資於發現的過程，而非結果。**

看到艾力克斯與雷尼斯因為找到第一組足跡而歡欣鼓舞，把眼光放遠，凝視使他們兩人變得渺小的荒野，我心中升起一個幾乎不可能的念頭：也許我們真能在這片遼闊的地表找到一頭在上面移動的貓科動物。

此時，我想起我在美國猶他州山區協助舉辦工作坊時遇見的一個男人。談話之中，他說自己因為工作與家庭生活而油盡燈枯。他說他想要在內心深處找到一塊寧靜的地方。他說那個工作坊充滿言詞，但他要的是行動，他想要轉變。以為搞定外在的所有指標，一切都會水到渠成，這樣的想法很常見，但這並不會留下讓我們更加認識自己的空間。

我請他先安靜片刻。我問：「你需要什麼？」

他馬上開啟自己的一套說詞：「我沒機會問這個。我有太多責任要負，重點不是我自己！」

「我聽過這種說法。」我說，「往內心更深處探尋。你需要什麼？」

他靜靜坐了好一陣子，然後帶著惱怒的語氣，看著我說：「我需要獨處一段時間。我需要徹底一個人的時間。但又能怎樣？」

「先不要去想又能怎樣。」我回答，「你已經看見第一組足跡。如果可以往那個方向移動，更接近自己的需求，也許你會找到第二組足跡。」

通往轉變的旅程是由一組又一組的足跡組成的。我不知道我們要去哪兒，但我確切知道怎麼抵達那裡。

現代生活的危機，就是缺乏危機

回到追蹤現場，我們有了第一組足跡。我們把外套放回越野車，因為之後走路會很熱。我們取了帽子，我跟艾力克斯抹上防晒油，雷尼斯則從座位底下抽出他的風車木追蹤棒。他會用那根棒子圈起足跡、撥開樹枝，若遇到危急狀況，就把它插進獅子的喉嚨刺激嘔吐反射，迫使牠放開正在襲擊的人。從上一次如此使用這根棒子的情況來看，某個人有過一個糟透的早晨。

無須多說，我們現在正式進入一個不言自明的協議，大家必須照看彼此的安全。林地並非充滿無可避免的惡意之處，不像電影跟電視節目常常描述的那樣，野生動物處處要人性命。林地只是有自己的一套規則，只要尊重並且留意，我們也屬於這個地方，跟其他動物並無二致。然而，犯錯的空間很小，而且在一個高風險的狀況下，任何行為都不能有所差池。但是，對我們三人來說，無須靈敏的生活更糟。現代生活的危機，就是缺乏危機。

在這個地方，一個人必須理解活在當下的語言。這個語言將讓你學會了解自己。舉例來說，倘若獅子要對你發動攻擊，你必須在原地站穩，讓牠感受到屬於你的堅定力量。這是至關重要的。穩穩站在原地，等於擾亂掠食者的本能設定。牠們習慣看到對象逃跑。

在非洲的遼闊平原上，智人與獅子一起演化。有獅子的地方就有肉。我們的先人追蹤獅子，就是為了偷取牠們獵殺的動物。他們為了保護家畜，跟獅子正面交鋒。

雷尼斯屬於這顆星球上通往過去窗戶的最後一代人。他在叔叔安金·馬朗哥的引導之下，以先人的古老方式成長。安金·馬朗哥是個野人，也是一位超凡的博物學家。他能用幾根破爛的柵欄鐵圈，製作獵捕動物的陷阱；他能自製弓和箭，再用黑斑羚百合的根部煮出強力的致命毒藥，塗抹於箭尖。

在狩獵採集者那種卡路里赤字的生活型態之下，當安金無法捕到一頭羚羊，雷尼斯的家人取得所需獸肉的主要方式之一，就是追蹤獅子，期待牠們正在大啖剛剛殺死的獵物，然後再設法偷肉。這可不是什麼好玩的消遣。獅子吃肉，是一個駭人的景象。牠們化身為筋肉與骨頭的吞食機器，低吼中充滿野性的殺意。有時候，當其中一頭獅子侵犯到另一頭正在啃食的腸子或後腿，就會引發一場激烈打鬥。

要打斷一群滿身是血的凶殺巨獸用餐，不只需要深層的勇氣，肚裡還要有足以壯膽的絕對飢餓。這就是雷尼斯跟他的兄弟以往的生活方式。鼓起勇氣主動攻擊，試圖把獅子嚇跑一小段時間，趁機割走一大塊肉。有時候獅子會被嚇跑，有時候不會。

現在，看著雷尼斯移動，我訝異於叢林的生活如何將他的人生觀塑造得與眾不同。

雷尼斯活在現代生活的虛假之外。當代社會建構的心理觀點，對他毫無影響，而我透過他這個活生生的線索，得以一窺不一樣的人類存在方式。他不會為了獲取財富與地位而心生困擾。他不擔心未來的安全，或者社會組織裡的地位。他不談政治，不煩惱自己做得夠不夠。對他來說，時間並非金錢。生產力無法反映他的價值。他覺得跑步機是荒謬的發明。該工作的時候，他就工作；該休息的時候，他就休息。

除非在荒野中度過幾天，然後幾週，然後幾月，不然很難掌握意識特質的轉變。

看到一個全然不像自己那樣具有社會編碼的人，意味深長，因為那會迫使你領悟自己所認為的「我就是這樣」或者「就是該這樣做」裡，有很大部分其實都不是自己，而是一種文化敘事養成的行為與思想模式。這是巨大的領悟，也是開端，讓我們更深入探究自己真正想要的是什麼。

你就是自己的觀點，而你的觀點並非普世共有。那是被給予的。**原住民以前常說現代人的生活「只有三天的深度」。只要在荒野待上三天，心靈就會改變，你就會知道什麼是真正重要的。你的存在之道也將不同於以往。**

荒野的生活有一種立即性，會將大多數人以為重要的東西，順間瓦解。在林地裡，我注意到自己的身體進入一個由光暗與冷熱所設定的智慧節奏。我在黎明移動，白天歇息，夜晚入眠。餓了，就吃。我忘了自己的相貌。而我驚訝地發現，世界並未因此終結；事實上，隨著每一天過去，我愈來愈快樂，也愈來愈不感覺孤寂。

我從無盡的勞作轉移到穩定的存在。偶爾，某些需要執行的任務會突然清晰浮現。我注意到、去處理，然後回到與自我的和諧共處之中。唯有透過這種對比，我才理解到無盡勞作的瘋狂動力與病症般的空虛感受，並非理所當然的生活方式。

在全然的獨處之中，我不再物化自己。在林地裡，我不再從社會階層的角度看待自己；我不再透過跟別人比較，來衡量自身的價值。飛鳥與樹木都不會評判我。

在這樣的療癒之中，我可以再次當一個人。在全然的獨處中，自己不再是一個概念。自己就是自己。

聖方濟曾說：「走到哪裡都要宣揚福音；如果有需要，再使用言語。」基督教的聖人之中，只有他的形象是向下俯視土地，而非向上仰望上帝，所以一直深深吸引著我。聖方濟放棄了富商之子的命定生活，決定要踏上一條不一樣的路，單純地活在大自然之中。

對我而言，他是第一個身為追蹤師的聖人。與動物草木的無聲領地深深連結，在內在聲音的引導之下，他的生命飽含深刻的惻隱之心。那不是需要透過某些佛教修行去養成的惻隱之心，而是與生俱來一直存在的——當他領會讓他與眾人不同的心靈之語，發現自己處於不沾不滯的一體之中。

重新想像我們來到世上的原因

回到追蹤的路徑，我要向你們轉達足跡正在告訴我們的故事。

那頭獅子在光禿的平原上快速移動。我們在柔軟的沙地上追蹤了二十分鐘。本來等速移動的牠，突然轉向進入乾涸的河床。牠在此處停泊，腹部著地坐了一陣子，軀體與前腳印在沙上，身後的沙地也被尾巴掃平。然後，牠站起來，往前走一段，又停了下來。

艾力克斯說：「那頭獅子在聽。」

當獅子抬起肩膀上方的頭，前爪在土地上留下深深的印痕。頭的重量透過肩膀往下傳，讓前爪深陷沙裡。

足跡對我們提問：什麼聲音讓那頭獅子抬起頭來聽？是獅群的其他成員嗎？也許是獵物。前方到底有什麼？

從足跡所傳達的資訊，以及追蹤師開始設想的一系列假說，敘事開始浮現。他是不是聽到前方有獵物的聲響？是否有另一頭雄獅為了挑釁而吼叫？追蹤師必須在看到足跡的同時，想像動物可能正在做的事。

我們的大腦被訓練來解讀這些線索，並且做出推斷。這樣的神祕與危險，配上解謎、專注與想像，某些神經突觸開始啟動並傳遞訊息。結果就是令人成癮的吸引力。這種伴隨追蹤而來的神經化學反應，有點類似跑者的愉悅感。我常常在想，倘若全世界的人都在週末從事追蹤，可能從此不會有人想要踢足球、打高爾夫或是騎單車跑山了。我們是屬於故事的物種，我們是製造意義的動物。追蹤作為一種敘事，可以幫助我們重新想像自己生在這個世界的原因。

現在，回到追蹤路徑，我凝視被巨大的黑檀木包圍的乾涸河床。那頭獅子印在沙地上的身體痕跡，從鼻子到尾巴，長度約莫是我的兩大步。牠曾在這裡站立。爆發型的爪印告訴我們，接下來，牠朝著林蔭茂密處的未知疾奔而去。

5 回歸生命的追蹤

接下來的五公里，我們的速度只比散步快一些。那頭獅子沿著河床奔馳，力大的爪子在柔軟的沙上留下爆炸似的坑洞。

就在昨天，我仍身處另一塊大陸，過著另一種人生。然而，在這裡走著，我感覺到全新的自己。我往內心深處探尋，觸碰到某個無法明確指出，但感覺起來非常重要的東西。一種好幾個月未曾感受到的警覺性，從體內油然而生。

我的心思打轉，回顧迄今的各種生命事件，瀏覽把今天的我放置於這條道上的所有命中注定的時刻。

做出選擇就是唯一的選擇

尖銳的葉面組成濃密的樹蔭，過濾了晨光。當我們走過，捻角羚與黑斑羚迅速閃避，白色與鐵鏽色混成一片模糊。

雷尼斯突然停步，我們的腳在柔軟的沙上嘎吱作響。他說：「Yigesela.」聽。

那像是鋸齒摩擦木頭的聲音。哈——喝，哈——喝喝——喝。一頭豹在叫，距離我們不到一點五公里。

艾力克斯與雷尼斯對看，一句話都沒說，卻一起做出了不要為了這頭豹轉移追蹤目標的決定。

雷尼斯開口：「Tsika ingwe lesh.」別管那頭豹。

豹的聲音這麼近，雷尼斯卻沒為此分心，這讓我有些訝異。知道何時應該留在原本的追蹤路徑，何時應該改變追蹤目標，很不簡單。很難懂得何時該學會堅持，何時該學會放手。

我想起人生中那些伴隨選擇而來的焦慮不安。以為只有一個正確選項，所以選擇總是讓我大腦癱瘓。雷尼斯比較有禪風。對他來說，做出選擇就是唯一的選擇。他知道任何選擇都會讓某些事物開始流動，這就是生命與林地的魔法。你運用自己的意圖，採取行動，然後放手。**林地教導我們，重點不在於正確，而在於發現。追蹤的路不是只有一條，唯一的錯誤就是什麼選擇都不做。**同樣的道理也適用於人生。

我們繼續走我們的路。不遠處，那頭豹也繼續走牠的路。

現在是早上八點，黎明前就起床的我覺得已經過了兩天的份。我感受到出汗的微微刺痛，以及追蹤棒在手中那種令人心安的重量。

獅子的足跡忽然轉向，切入河床某個陡處。

我們跟隨沙上模糊的足印，看得出來陡峭的河床讓獅爪滑動。就在獅子登上坡頂之前，我看到一個完美的爪印，心裡湧起一陣興奮。我們又追上足跡了！

勉力爬上河岸的同時，獅爪留下美妙的形狀。那是不可缺少的存在，牠在這世上留下的印記。一閃而逝的野性標記，終將歸於塵土，彷彿未曾出現。正因如此，顯得更為美好。

登上河岸，眼前的土地開闊，迎接我們的是貼近地面的金合歡。我感到震撼，因為自己在這片土地上奔走一生，卻未曾探訪這個地點。我從未在這個位置離開河床，從未看過這一塊地。我確實感覺到那頭獅子在引導我，牠想要讓我看見一些什麼。

內心深處，一個聲音如此低語：「我不知道我們要去哪兒，但我確切知道怎麼抵達那裡。」

野性的自我正在低語。野性的自我知道你生下來要做什麼。

回歸生命的追蹤

我跟著雷尼斯走，注意到他的身姿與動作有所轉變。說也奇怪，我看得出來，無論雷尼斯的能量發生了什麼，都把艾力克斯一併捲進去。他們開始換檔了。

這個過程介於藝術家的非典型作風與頂尖運動員面臨大賽的氣勢之間。曾有一段時間，任何追蹤都無法讓雷尼斯感到亢奮，但現在的他已經進入狀態。我不知道為何這次追蹤會讓他復甦，又或者說，他如何為這次追蹤賦予生命。是他在呼喚足跡，還是足跡在呼喚他？

在這種透過存在而產生的力量之中，雷尼斯進入更深層的狀態。他並沒有試圖做任何事。脫離了角色、規則與義務，光是純粹做自己，就讓他進入完全自然的境界。在東方古老的文本《道德經》之中，老子是這麼說的：「無為而無不為。」我猜他所指的可能就是這種完整：全然活在當下的生命裡。大師的境界，在於毫無嘗試的意圖。

在此，我們冒險踏出地圖之外。沒有畫好的路線，然而，一見到這個地方，我們就認出來了。我們能在偉大的舞者、運動員，以及創造者身上感覺到這種東西。瑜伽行者已經講述此道千年。雷尼斯彷彿可以感覺到什麼事情想要發生，他沉浸於當下，程度之深，讓此刻涵蓋了永恆。

艾力克斯看著我，有一瞬間，他雙目圓睜，似乎在跟我說：看吧，要來了。

雷尼斯在追蹤路徑上飛馳，看見對多數人來說隱形的東西。艾力克斯緊隨其後。

如果路徑偏向一邊，艾力克斯會顧到；如果路徑偏向另一邊，雷尼斯會搞定。手語在兩人之間飛快傳遞，他們進入了我這個曾主持無數領袖課程與個人發展研討會的人可能會稱作「領袖狀態」的境界。彼此之間的溝通沒有縫隙，他們徹底獻身於眼前目標的達成，但這份投入並沒有成為負擔。全然的專注裡，有一種愉悅。他們的眼神因為亢奮而閃亮。任務本身正在產生能量，你可以說他們一邊追蹤一邊玩耍。目標不是某個固定的東西，而是一隻活生生的動物。也許這一直是追蹤師的最高追求：生命本身。現在，就我觀察，我覺得自己更加深陷於隱喻：人類物種的後設道路，就是回歸生命的追蹤。

那頭獅子穿過林地，朝著固定方向前去。雷尼斯看見足印，設定好方位，邊走邊找尋可供確認的蛛絲馬跡。同時，他以前方的樹木為指標，協助自己描繪出獅子軌跡的形狀。你可能已經了解，他看見的不只是沙地上的巨大獸跡，而是追蹤路徑的一部分。一些腳趾印、一些後腳肉墊印、一些被壓扁的土壤。地上的青草被獅掌壓縮、拔起、帶至他處，這些草落在土壤上，留下不一樣的痕跡。多年的訓練讓雷尼斯的大腦辨識出這些幾乎不可見的線索。

雷尼斯曾告訴我：「要學會追蹤獅子，一定要赤腳。」他知道獅子喜歡在無刺的開闊土地上行走。靠著前方的枝葉與地勢，他就能預測獅子會往哪走。

地貌很美，而隨著大師變換檔次，我了解此刻的故事被包含在一個更大的故事裡。那個故事塑造了我，激勵了我，而且至今仍在要求我用一種尚未學會的方式述說。或許，那個故事是想要被我親身活過。

過往的回憶湧上心頭，而我知道這與我們所處的追蹤路徑有關。如果此刻是人生裡的一段足跡，我能否往前回溯，追蹤到一個決定性的轉捩點？這頭獅子的路徑與我的人生路徑交疊。家族的歷史。這個地方。這一天。我感覺自己身處雷尼斯觸及的領域，在這個領域裡，所有事情都順著時間的扁平迴圈同時發生。

跟土地合作生活

一九二六年，在約翰尼斯堡的一個網球派對上喝多了琴通尼之後，我的曾祖父買下了我們現在踩著的這片土地。當時這裡是一處被矮樹叢覆蓋的破產牧場，除了劫掠牛隻的獅子之外，沒有別的野生動物。藉著酒醉，熱中於獵殺獅子的曾祖父不顧旁人的理性建言，跟一位友人一起買下這片土地。

我的家人來此獵獅，已歷三代。冬季那幾個月，他們住在戶外林地，追蹤並且射殺。我父親射死第一頭獅子時才十五歲，就在他父親過世後的一年。面對喪親之痛與賣掉廢棄農場的強烈建言，我的父親與大伯仍決定保留這塊土地。他們胡亂開啟遊獵服務，試圖用這塊土地賺一點錢。這個事業勉強撐著，直到肯恩・汀力（Ken Tinley）到來。

肯恩高中輟學，但憑藉著一紙細節太過精妙的飛蛾畫作，學院院長破格讓他進入生物系就讀。大學畢業之後，他在夸祖魯—納塔爾省參與一項開創性的犀牛保育計畫。接著，他到莫三比克的一個保護區進行博士研究，主題是還原該保護區的遠古水路。獨居莫三比克期間，肯恩跟大地發展出深刻的關係。他畫下穿越土地的水道，釐清水流跟土壤型態與植物群的關連，進而探討動物群的分配。他懂得把荒野深深帶入自身的存在，讓自己能在體內感受大地。

他住在小小的登山帳篷內，靠近土地，感覺萬物的連結流過身體，自己漸漸成為荒野的一部分。肯恩與大地的關係是精神性的，這種存在狀態會發生在任何住在荒野夠久的人身上。他彷彿與土地山川融為一體，沒有血肉的輪廓區隔其間，他心裡的科學家已經被接近祭司或先知的身分取代。然後，莫三比克爆發內戰，他被迫逃離。

肯恩終究回到南非，到了克魯格國家公園旁邊一片荒涼的土地上，坐在小小的篝火旁。有兩個年輕男人試圖在那裡發展遊獵事業。

就在篝火旁，高大帥氣、有點像克林．伊斯威特的肯恩向兩個年輕人說起道理。對於剛剛失去父親的兩人來說，他一定像是從天而降的父性典範。

他教導道：「如果想讓這個地方運作起來，你們一定要學會跟土地合作，並且把動物看作自己的親人。」

我父親問：「跟土地合作？要怎麼做？」

肯恩大聲回應：「這個嘛，我會教你們！」

就在那晚的篝火旁，在我出生之前，一條即將深深塑造我的道路就這樣出現。是誰創造了這些人生的追蹤路徑？多數人未能理解其效力的絲線，穿越世世代代，交錯在人與人之間。

要讓今天的我站在這裡，許多事情必須發生。是什麼驅使曾祖父買下這片地？是什麼讓父親不顧理性地開始遊獵事業？終其一生，我一直感覺到，凌駕於人類的智能讓生命以某種方式把我們放到某些地方。這份感覺折磨著我，卻也降福給我。

我常常希望可以回到那些時間點，問那些人：「為什麼要這麼做？怎麼知道自己看見了命運？怎樣才能學會在人生的路上追蹤？」野性的自己有著不一樣的智慧，對於一個追蹤師而言，這必然是至深的真理。

違背所有習俗慣例以及基本原理，我所景仰的人們做出了決定。他們追隨的是內心深處的東西，他們追蹤的是呼喚他們的、開啟新的轉變之道的東西。

捕獵的智慧

炎熱程度開始穩定上升，早上的涼爽很快就要消散。我的鞋子沾滿粉塵，而天空是無垠的藍。一架小型越野飛機從我們頭頂飛過。

艾力克斯說：「我希望那頭獅子不要一路走到克魯格國家公園。」

「Unga vileli.」雷尼斯說，「Hi ta swi kuma.」別擔心，我們會找到。

空氣中飄著糞便的味道，雷尼斯突然吹了一聲口哨。「Tinghal ati lava ku hlota.」這頭獅子要大開殺戒了。

獅子的足跡開始跟一群水牛的足跡交疊。三百頭黑色水牛集體穿越這塊大地，宛若洶湧的塵土之河，一千兩百具鐵蹄奔踏而過，留下一塊塊被咀嚼過後的草皮，以及一群群漫天飛舞的蒼蠅。

頂著銳利的雙角，重達一千八百磅的非洲水牛對獅子來說是難纏的敵手。兩個物種之間的遠古宿怨由來已久：銳利的雙角牴斃獅子，將屍首拋來拋去；獅子的致命利齒也直接咬上水牛的脊椎，使其動彈不得。當你見證一頭巨大的獅子可以對水牛做出什麼殘暴之事，就會用新的角度去看待自己面對猛獅時可悲的存活機率。

「Langota xiendla yini? 看，他在做什麼？」以問句陳述，這是非常相岡的講話方式。比起指令，相岡語更傾向邀請。他們不會說「看看發生了什麼」，而會說：

「你看，發生什麼了呢？」

縱然聽來矛盾，
踏上一條道路卻找不到足跡，
也是找到足跡的一個過程……
不在此處的路，
也是此處的路的一部分。

雷尼斯站在被踏平的土地上，腳邊有一坨新鮮的水牛糞便。他說：「動物真的很聰明。」

艾力克斯說：「看到了嗎，老弟？這頭獅子讓全身沾滿水牛糞便！」

雷尼斯說：「他可能是要掩蓋自己的氣味。」

這具殘暴的屠殺機器讓自己沾滿糞便，像是塗抹迷彩偽裝的狙擊手。對我來說，這個畫面有一種美感。大地要告訴我們一頭獅子的獵殺故事。

6 失去蹤跡

大自然就是老師

我曾問一位偉大的靈性導師，是否也有自己的老師。她盯著我好一陣子，然後回答：「我的老師就是沙漠。在沙漠裡，萬物皆有其道。」

身為一個追蹤師，我懂她的意思。因為在林地裡，萬物也都有自己天然的生活方式。

我們追蹤的獅子正要獵捕水牛，用牠的方式。若要找尋豹的足跡，我們會走進茂密的樹林，而不是開闊的草原，因為隱密是豹的天性。跟隨足跡的同時，我們在追求中成為自己。

自然界就像偉大的禪師，打骨子裡無私。自然界接納生命本來的樣子，不帶批判，不帶成見，也不希望有所不同。自然界與自己合為一體。

有一種智能在萬物之間流轉，要成為一個追蹤師，就要配合那份智能。榮格所謂的「同步」，指的是外界的某件事情與內在生命裡具有深刻意義的東西同時發生。

那是空間與時間之中特別的一處。在那個地方，在一個對你而言別具意義的瞬間，廣大無礙的靈性自我遇上肉身的自我。

那樣的時刻，就好像跟別人說你夢到一隻甲蟲落在你身上，而在講述的同時，一隻甲蟲真的從窗戶飛進來，降落在你身上。彷彿瞥見潛藏於現實表象之下的秩序與意義，生命正在向你眨眼。

我猜想，透過跟內在的自然合為一體，野性的自我與現實世界裡的自然合為一體。倘若可以將這兩種面向的自然結合，就能讓個人的目的與更遠大的目的一致。

學習變得自然

上坡之後，是一處點綴著非洲酒樹的林間空地。當我正思考著不同的生活方式，我們走進非洲酒樹的疏林。雷尼斯俯身拾起一顆果仁，放入口袋。我的思想與獅子的足跡把我帶到這個特定的瞬間，為了讓我看見雷尼斯做這個動作。俯身拾起果仁這個簡單的舉動觸發了一連串的意義生成，連結、影像與故事在我心裡成形。

非洲酒樹有其天才。一年的某個時節，樹上會長滿黃色的多汁果實，大象、狒狒跟人類都聚過來摘食。這種能量的養成深具智慧。將土地裡的養分化為糖分的煉金術，在一年裡沒有其他果實可吃的時段，運用這些糖分創造出酸甜可口的水果。藉著這樣，酒樹把種子散布出去，保障了物種的生存與演化。

在自然裡生活，就是親眼見證這種活生生的科技，在被稱作季節變化的地球傾斜上展開，然後捫心自問：如果說這種智能在萬物間流動，怎會不包括我？在最自然的狀態下，我會是誰？身體怎會癒合？人怎會戀愛？一個士兵怎會為了拯救他人而決定犧牲自己的生命？在沒有社會影響的時刻，我是誰？

若要成為追蹤師，所有人都必須問自己：追蹤什麼？新的生活方式嗎？用以衡量成功人生的新標準嗎？我們能否帶著追蹤師的眼睛，深深看進生命與自身的存在，辨識出交錯相連的偶然造成的足跡，循著足跡標示的路徑，往全新的生命體驗前進？

我不知道我們要去哪兒，但我確切知道怎麼抵達那裡。野性的自我在低語：

學習變得自然。

接受追丟足跡

步行數小時之後，我們發現前方的路線突然模糊。

看到最後一組足跡，然後就沒有了。在這方面，追蹤有時很像人生。前一秒你還踏實地走在道路上；下一秒，這條路不能走了。你被裁員。你失去心愛的人。公司倒閉。你退休了。她拋棄你。婚姻破裂。原本認定的前路，就這樣消失了；原本以為的身分，從此不存在了。

地面變硬，一群水牛胡擦亂刮，留下太多蹄印。不可能從中找到獅子的足跡。

艾力克斯跟雷尼斯切換模式，一起在林中經歷的二十年在兩人之間創造出沒有縫隙的凝聚力。**在整個追蹤過程中，追丟足跡可能擁有最豐富的隱喻意義。**追蹤師接下來的行動是一組指示的體現，像是一套形意舞。看著他們動作，我解開密碼，讀懂了追丟足跡時的指示：

接受追丟足跡也是追蹤的一部分。

回頭去看最後一組清楚的足跡，那裡會有資訊。

往前走，檢視所有開闊之處以及沒有草的地方。

開放你的專注力。

任何找不到足跡之處都不是浪費，而是精煉過程的一部分，讓你更清楚該往何處追尋。

帶著最好的推斷遊蕩一會兒，保持警醒，傾聽，注意。

艾力克斯回頭查看最後一組足跡，雷尼斯則踩著鋸齒狀路線往前，像雷達一樣掃過地表。他檢查所有開闊之處，喃喃自語從未停過：「Hi ta swi kuma.」我們會找到。

只有我跟艾力克斯出動的某次，我們也追丟足跡。艾力克斯帶著招牌的調皮微笑看著我說：「老弟，每次追丟足跡，我就會假裝自己是雷尼斯。」於是，我們自信滿滿地向前，模仿雷尼斯的步態，然後就找到足跡了。

艾力克斯從上一組足跡重新判斷獅子行進的方向，一邊往前，一邊找尋線索。太陽在空中的位置愈來愈高，讓光線愈來愈接近直射。沒有影子的足跡很難被看見。距離上一組足跡一百碼之處，在一堆水牛糞便之中，艾力克斯找到一個踩在濕黏水牛足印上的獸跡，這就足以證實他的猜測。

但是，前方的足跡再次消失，於是艾力克斯再次重定方向。

我想起那些曾跟我對話的人，他們說：「當我確切知道下一步是什麼，我就會展開行動。」我想起那些曾向我學習追蹤的人，他們一追丟足跡就手足無措，非要確定前行的道路才願意行動。追丟足跡的追蹤師會進入一個重新發現的過程，而這個過程是流動的。他仰賴一套刪去、探問與證實的過程，一套探索與反饋的過程。他進入一種專心致志的儀式。縱然聽來矛盾，踏上一條道路卻找不到足跡，也是找到足跡的一個過程。艾力克斯跟雷尼斯將此稱為「不在此處的路」。沒有任何動作會被視為浪費，而關鍵就是要持續前進，重新調整，接納所有的反饋。

不在此處的路，也是此處的路的一部分。

沿著信念走，而不是足跡

就我了解，擔任人生教練，就是一種內在的追蹤，而且往往始於一個人追丟足跡的時刻。重點就是學會一個新的方式，讓自己逃脫迷途或受困的處境。以最簡單的型態而論，擔任人生教練的第一步，就是問對方：「這給你什麼感覺？」「糟透了。」他們往往如此回答。接著，人生教練就會說：「好，那就不要這麼做。」這句聽似荒謬的話語可以對一個人產生翻天覆地的改變。我們已經與自然脫節，變得太過模式化與社會化，所以甚至不知道什麼會帶來好的感覺，什麼又會帶來壞的感覺。我們以自動導航模式生活著。我們尚未死去，卻也沒有真正活著。

人生教練的核心裡，確實有著一條強力的中心前提：**你對人生的看法並非現**

實。偉大的人生教練要求你質疑根深柢固的信念，以及給自己立下的規範。人生經驗創造的極限，在於個人的信念系統。

如此簡單，令我訝異。追蹤讓自己感覺好的事物，然後把更多這類事物帶進生命裡；注意到讓自己感覺糟的事物，然後盡量少做。

當你跟人們這樣說，有些人會懂，有些人會高聲反擊：「不能這樣！不能隨心所欲！」往往，他們擔心的是，有了隨心所欲的自由之後，他們就會跑到某片海灘，沉溺於輕鬆樂事，放縱無度。一開始也許會吧，但只要繼續追蹤，某些深層的東西就會開始表達自己。

當人們真正追蹤內心的欲望，找到的常常是服務人群、展現創意，或是以某種方式分享自我的欲望。但每個人都不一樣。我曾遇過一個藝術家，發現自己已經厭倦貧窮，只想找一個領固定薪水的穩定工作。

現在好熱。我們走在水牛的足跡上，確信獅子還在追逐牠們，但還是找不到清楚的線索。雷尼斯與艾力克斯對自己的推論有信心。他們願意頂著烈日繼續前行，不是沿著足跡，而是沿著信念。隨著太陽在非洲的天空中愈移愈高，光線把地表變得扁平，讓足跡愈來愈不可見。我的衣服被汗水浸透，我發現自己的專注力與欲望都在衰退。

雷尼斯的步行能力驚人，粗壯的前臂在腰側擺動，而我看得出這種專注力是練出來的。他掃描地面，仔細聆聽。就算足跡已經消散，他仍在調整自身的頻率。他不能讓心思游移，他的專注是絕對的。

艾力克斯說：「再往前推進一點吧，我相信我們會在前面找到些什麼。」

他停下來，把地面上一個極度不明顯的痕跡圈起來，然後吹口哨。

雷尼斯掉頭回來看艾力克斯找到的東西，一瞥之後就搖頭。

他說：「這個不是。」

我漸漸領悟，追丟足跡並非追蹤的結束，而是一個準備的空檔。整個過程包藏於此，有著純粹的可能性。**做好聆聽呼喚的準備，邀請未知，尋找第一組足跡，調整身體這具器械的頻率，然後學會在給你生命力的道路之中，找到屬於自己的那一條。**找尋下一條道路的同時，這些動能全都潛藏在你的體內。

這個星球的修復始於人類，始於你

正是因為追丟足跡，二十多歲的我才會在個人成長的領域裡任職。我遇見一位絕佳的人生教練，瑪莎．貝克（Martha Beck）博士。她邀我跟她一起環遊全美，以類似學徒的身分參加她的工作坊。那之前的一、兩年，還在擔任遊獵嚮導的我在倫多洛茲與她相遇。就在前一年，我受到兩次襲擊，分別來自約翰尼斯堡的人，以及一尾鱷魚。鱷魚那次在我身上留下一隻被咬爛的腿，以及嚴重的創傷後壓力症候群。

當時的我準備好繼承祖業，成為生態環境保育員。雖然一切就緒，運作得宜，我常常感到徹底迷失。然後，某一天，我遇上那種深切覺醒的瞬間。

瑪莎跟她的家人到倫多洛茲進行遊獵之旅，而我就是他們的嚮導。讓我印象最深刻的就是，她清楚表述了我一直以來只能憑直覺感受，不能以言語形容的東西。

「這個星球的修復將會來自人類意識的深層變動，」她說，「而那段旅程始於個體的痊癒。沒有任何東西的療癒能力，勝過自我天賦的體認與表現。而這就是我的工作，我幫助人們找到天賦。」

這段話讓我驚艷，心靈的列車彷彿就此脫軌。一條新的道路在眼前浮現。瑪莎對我說出這段話的時候，我們正好駛過保護區裡被修復的地段。感覺起來，有神力介入這個瞬間——身外的土地與內在的道路突然為彼此灌注了意義。

野性的自我低語著：**這個星球的修復始於人類。這個星球的修復始於你。**

與命運相會，是一件罕見的事，但身為追蹤師的我理解到，並不一定如此。以追蹤師的身分生活，就代表要在經過足跡時，辨認出追蹤的道路。看到的時候，我就知道了。我懂得瑪莎話語裡的真理，我懂得體內膨脹的感覺。她讓我初次遇見內在的追蹤道路。

有了這份認知，一切隨之崩毀。所有關於人生應當如何以及我是誰的種種想法，全都瓦解。懂得瑪莎所懂得的，成了唯一要緊的事。

幾個月之後，我就在美國學習擔任人生教練的技巧，學習如何引導一個人重新回歸自身的指引。

當時，我把自己看作一個正在受訓的人生教練。但是幾年之後，我的道路又往一個意料之外的方向急轉，讓我遇見另一個最頂尖的追蹤師，來自祕魯叢林的薩滿巫師羅德里戈。

羅德里戈環遊世界，用古老的方法舉行原住民儀式，以協助人們記起生存在這個世上的不同方式。從某個深層的角度看，他創造的儀式空間教導人們回歸更為自然的生存之道。這些儀式空間形成一種容器，卸下我們後天學得的層層防衛、社會模式，以及情緒障礙，好讓我們（有時是第一次）體驗關於自己是誰的真相。

在羅德里戈的引導之下，我慢慢學會追蹤創傷模式。如何在動作舉止中看出創傷的印記，在一個人身上注意到訴說著未能訴說的故事的部分：雙眼的位置、肌肉的紋理，以及說話的聲調。

這些東西都傳達著訊息。在儀式裡服務很像在林地裡追蹤，如果知道要找什麼，所有的跡象都在這個房間裡。若能追蹤創傷模式，就能幫助一個人找到潛藏在模式底下的自己。有一種方式可以跟受過傷的、反覆無常的，或是有攻擊性的人相處，就像跟野生動物相處一樣——透過當下的存在來溝通。

我在儀式空間與傳統的人生教練領域之間奮力工作，歷時十年。不管去到哪裡，我都懷抱一份單純的意圖：幫助人們痊癒，好讓他們回歸自身的引導。而在這段時間裡，我自己也在改變。一個非常奇妙的天職在我體內浮現，關於「應當如何」的根深柢固思想，被自我的經驗取代。我從來無法想像，這條道路會把我帶到這裡，但我知道自己正在追蹤足跡：內在野性自我的足跡。

我發現自己的天賦在於以一種特殊的方式與人們相處，那種方式能幫助他們更接近真實版本的自己。的確，我處在邊緣，但我在自己的作為之中感到巨大的充實。這對我來說很重要，也給了我成就感。讓我訝異的是，利益也隨之而至。當我跟天職的頻率愈合拍，人們就愈願意付錢買我的時間。我深切感受到自己可以環遊世界，重新建構所謂的家園。

我發現療癒可以將療癒本身永久化。作為遊獵嚮導的身分已然退位，取而代之的是另外一種嚮導。

找回自己本來的樣子

在這些經驗當中，我感受到自己與非洲的因緣。遠離故鄉的時候，我會想起倫多洛茲，訝異於一個地方如何深深進入個人的存在。

倘若不曾離開一個地方，你可能永遠不會發現這個地方已經滲入你的細胞深處。唯有跟這個地方相隔半個世界之遠，你才會聽見它的歌在呼喚，播送著名為鄉愁的樂音。對我而言，不只是棲居體內的非洲大地的磁力，更為深切的是一塊土地被修復的感覺。

肯恩．汀力到來之時，整塊土地幾乎都是跟人視線等高的矮樹。野生動物十分稀少，就算真有現身，牠們也是正在逃離。多年的狩獵已經讓牠們體認人類所代表的死亡。大地，一如人或靈魂，懂得自我防備。數百隻牛造成過度放牧，留下光禿貧瘠的土壤。降雨過後，水四處亂流，在地表刻下深深的侵蝕溝。荒蕪的土地無法接收所需的滋養。在參與的每一場儀式之中，我也看到同樣的景象：創傷讓人們無法跟自己最需要的東西產生連結。而在自己身上，我也辨認出這樣的狀況。

當土地休克，就會長出矮樹，而這些矮樹會漸漸侵占草地，逐漸茂密，直至沒有動物可以移動於其間。當我的家族初來乍到，他們以為土地本來就是這樣。當你所知道的一直以來都是如此，便會誤以為該情況就是事物的本質。無法辨認出另一種可能，也許就是最大的危險。

正因如此，肯恩的出現猶如一道閃電。肯恩是大地的追蹤師，能看見其他人看不見的路線。他在濃密矮樹叢的防備之下，看到了一整片等待被實現的全新地貌。他看見了可以回歸原始和諧的美好野生花園。肯恩的強大信心，讓我的父親與大伯願意追隨他拓荒。

肯恩在營火旁吼著：「修復微型集水區！擋住向源侵蝕！把大地看作你的夥伴！」

他們租了一輛老舊的推土機，開始碾壓矮樹林。

清理了一天矮樹，我父親看著這片土地說：「真是毀得一塌糊塗。」

肯恩說：「相信我，相信過程。這不會是什麼好看的景象，但我們要給大自

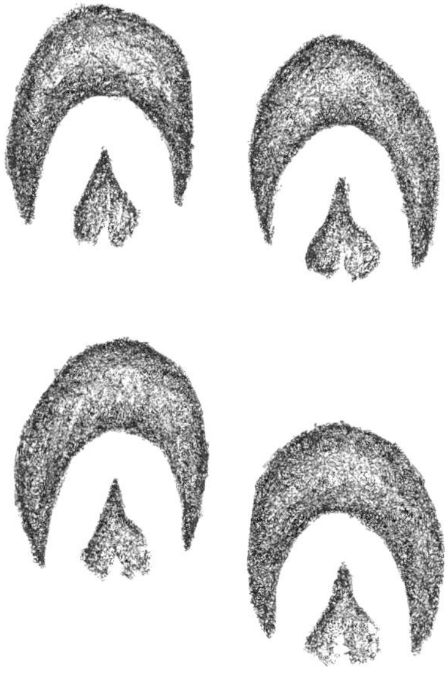

每個人體內都存在一種等待復甦的野性。

然一點時間去回應。」

他們有條不紊地慢慢將矮樹清掉，用那些木頭填塞侵蝕溝。這讓溝渠穩定，水不再亂流，就能被大地吸收。地下水再次灌溉乾枯的土壤，然後某件神奇的事情發生了：地貌正在改變。

青草回來，矮樹不生，動物開始在新的草地上現身。一直到今天，父親想起當時看到動物回來的景象，仍然喜不自勝。成群的斑馬與牛羚湧入沒有矮樹的大地，犀牛走進開闊的草原，黑斑羚在傍晚的微光下吃草。這片土地找回自己本來的樣貌。

小時候，我見證這個改變，但不知道這塊土地的痊癒將會如此深切地觸碰我的人生，如此深遠地影響我的命運。我記得推土機輾過矮樹林之後，土壤發出的氣味，也記得當時的我心想，這塊土地永遠不會復原了。然而我也記得，一年之後，同一個地方滿是野生動物。感覺起來，大地似乎懂得感恩，而動物彷彿能夠察覺意圖的改變，因而變得比較平靜。隨著這一大群動物突然到來，遊獵生意也開始蓬勃發展。全世界的人都被這份療癒吸引，聞風而至。這塊土地擁有羚羊、昆蟲、鳥類的能量與生命力。然後，曾被我們獵殺的大型野貓開始現蹤。

我在參與的所有療癒活動之中看見那塊土地。修復存在於每個人的內在。當我看到一個人受苦、遲疑、迷失或追尋，我看到的就是一塊土地。跟肯恩一樣，我相信自己必須看見尚未被實現的部分。透過追蹤師的眼睛，我看見每個人體內都存在一種等待復甦的野性。

這個星球的修復，將會來自人類意識的深層變動。

追蹤師之歌

當我環遊全美，擔任人生教練，舉辦儀式，創造空間供人們重新找回天然的野性自我，我感覺自己走過數千英里之外的故鄉大地。說也奇怪，我在成長過程所見的土地修復，正以我無法想像的方式，發生在全世界願意回應痊癒與野性呼喚的個人身上。

如果我們全是這個遠大開展的一部分，一個人的平靜就會促成所有人更深層的平靜；要是一個人可以變得更自然，便成就了一份給每個人的自然。在大自然裡，我們了解每個人都是彼此相連的，縱使我們早已遺忘那種歸屬感。此中的含義十分淵深。如果我們真的都是更大存在的一部分，那每個人體內就都存在著不同世界的可能。

若非有當年的修復，今天的艾力克斯、雷尼斯跟我就不會站在追蹤獅子的路線上。天然的地表能夠形塑所有的經驗。它隨興付出自身的豐饒，像是一個學會做自己的人。當我前行，就是跟父親與肯恩並肩齊走。我走在他們修復自然世界的願景之中，而我了解每個人的心中都有著這樣一塊土地。

我的職業生涯有了生命，但我仍覺得還有一些命中注定要做的事。那是一段不可思議的學習之旅，而一切都發生在當年的我追丟足跡的時候，就跟現在我們三人所遇到的一樣。在我的迷途之中，未曾考慮過的可能性在眼前展開。林地裡度過的童年以及圍著營火聆聽故事的成長過程，在美國各地的儀式空間裡，竟然成為一份意料之外的資產。我的迷途變成第一組足跡，然後化為追蹤路徑。

我不知道我們要去哪兒，但我確切知道怎麼抵達那裡。

現在，我看到前方的雷尼斯帶著全然的專注邁進。我自己也正在找尋著什麼。我在找尋一頭獅子，我在找尋下一組足跡。那頭野獸在很遠的前方移動，深深處在自身的野性當中，深深處在這一天的故事之中。對我們來說，牠的形貌尚未顯現，但牠的存在感卻在曾經路過的空間裡迴盪不散。就算現在的我們只是靠著信念前行，就算視線裡沒有任何足跡可供指引，還是能感覺到牠的腳印踏進我們的存在裡。

牠的腳印就是生命。牠的腳印就是欲望。牠的腳印就是驅使我們前往玄祕的機制。早在我們發現牠之前，牠就回答了我的那些關於如何生活的問題。

一首歌飄進意識。那是來自地球的歌，想要被那些渴望找到自身追尋的人們解讀。你聽，就在靜止之中，就在猶疑與憤怒與蒼涼之下。你可能曾在內心的渴望裡聽過那抑揚頓挫的呼喚。那，就是追蹤師之歌。

7 在大局與細節模式之間切換

一隻渾身是毛的狒狒盤腿坐在樹木高處，兩手置於膝上。

看到這隻狒狒，雷尼斯樂不可支。狒狒這種跟人類極為相似的坐姿，近乎不敬，卻深深觸動雷尼斯的幽默感。他發自內心地慢慢笑著。他必定見過數千隻這樣盤坐的狒狒，但還是每一次都笑到發抖，就像他每次看到水羚不知道在活潑個什麼勁的小跑步，或是鬼祟的鬣狗被同類咬到的時候發出的戲劇性嚎叫。這些個性與特質，總是能為雷尼斯帶來無窮歡樂。

遊獵嚮導的訓練教我避免人格化。科學觀察者的客觀雙眼不該把人類的性格投射在動物身上，不在胡狼身上看見我們的狡詐，也不在幼獅身畔的母獅身上看見所謂的勇氣。但身為一個追蹤師，我想要摘除這種無私觀察者高高在上的目光，好讓動物進駐我的身體。我想要接近的是親屬關係，不是科學。

雷尼斯笑著說：「Languta mfen xi fana munu! 看那隻狒狒！超像人的！」

在我的心中，艾力克斯與雷尼斯的存在如同彼此的延伸。這些年來，艾力克斯已經沾染雷尼斯的幽默與習性。他常常轉述雷尼斯跟他說過的故事，模仿著雷尼斯的模仿。東方有「達顯」（編注：darshan，源自梵文，視覺、看見之意；也有看見聖人，引發內心感受並因之成長的含義）一詞，意指跟導師融為一體，也就是吸收導師的精神力，然後自己將之體現出來。

看著他們兩人相處，我看到如此古老的東西。在林地共度的數千日促成一種傳送，那不是可以從書上學到的東西，而是一種存在方式，一種思考、移動與觀看的方式，只能透過長時間的耳濡目染而產生。事實上，那是唯一的學習方法。雷尼斯往往無法說明自己做某件事情的原因，愈試著解釋，他反而愈糊塗。最深層的課程必須親身體驗。

野性的自我——觸碰本能與需求與意圖的部分，能夠覺察自然的層層情緒的部分——就像這樣。它必須被喚醒，被跟隨，被傾聽——被追蹤。男男女女追求親密，但他們真正需要的是野性。觸碰到野性自我的人能以當下的生命回應伴侶的問題——那是一種不同，卻更為關鍵的對話。

曾有一次，我們丟了足跡，雷尼斯帶著我們走了一點五公里的沙路，然後突然直角轉彎走進林地，結果恰好遇上先前追丟的足跡。關於如何選擇轉彎的時機，顯然有一套方法，但他無法明確解釋。這就是經驗的本質，而在某種程度上，已經成為超脫語言的體感。唯一的學習方法就是一直待在他身邊，長時間下來，他的做法可能會變成你的。

有一天，雷尼斯會去到彼岸，而太多知識也將隨他而去。我知道艾力克斯在心底為此感到沉痛。一起坐在篝火旁的某個夜裡，他告訴我：「我們必須找到保存這些土地知識的方法。」跟雷尼斯的緊密關係給了艾力克斯一條通道，讓他得以走進現代世界遺失的原始技藝形式。古法的丟失不是我們可以承受的，因為要找回被遺忘的和諧與完整，線索就在其中。那些技巧可以幫助我們找回自己，憶起萬物的親密歸屬。它們幫助我們記得怎麼當一個人。

雷尼斯模仿人或動物的時候，總是活靈活現，很多偉大的追蹤師都是這樣。雷尼斯超會模仿，有時我跟艾力克斯都笑倒在地。他維妙維肖重現某個憤怒的遊獵經理，或是雙腿不靈便的法國遊客，突然之間，又化身為正在屋梁上交配的老鼠。透過純然的開闊心胸，雷尼斯能為平凡瑣事注入生命。

跟他在一起的時候，我時常思索這一份自在，因為那是鮮少在別人身上見著的特質。對於追蹤師而言，沒有兩個日子是相同的。我想那份自在跟這個事實不無關係。艾力克斯曾帶著雷尼斯從南非飛到倫敦，那是雷尼斯第一次乘坐飛機。在飛機上，雷尼斯拒絕看電影；反之，他認真注視航空路線圖。十個小時之後，飛機著陸，雷尼斯轉身，帶著絕對的自信宣告：「艾力克斯，如果我們需要用走的回去，我知道道路。」

我們已經跨過一道門檻，從追蹤變成單純行走了。

回到正軌的線索

水牛群的蹄印踏碎大地，但那頭獅子卻好像長了翅膀。足跡的神祕磁力已然消失，現在，我們需要雷尼斯的樂天歡笑，以及改變平凡瑣事的能力。

太陽愈來愈接近天頂，疣豬彎著膝蓋，奮力用口鼻鏟著地面，搜尋冬草的根部。一隻紫胸佛法僧飛過，在空中畫出一道藍色的弧線。半晌午的薄霧漸漸浮現。

兩頭犀牛睡在一株刺槐的樹蔭下，像被遺棄的坦克。耳朵在潮濕的鼻孔旁拍

你無法靠著思考找出通往天職的道路……
你必須聽懂身體在說什麼。
你必須了解自己知道什麼，如何知道。
你必須追逐感覺、感官，與本能內部的路徑，
比「應該如何」的概念更深入的誠實與真實。

打著，揚起皮膚上的灰塵。

遠處，一隻鳥穿過天空。

看見那隻短尾鵰的是雷尼斯。這種鳥的名字源自法文的「雜技演員」，因為牠飛翔的姿態像是走在一條隱形的鋼索上。突然間，那隻鳥伸出雙腿，輕柔地降落，像一根睫毛掉在地上。

雷尼斯問：「Uxi vonile ximhungwe? 你們有看到那隻短尾鵰嗎？」

艾力克斯跟我把眼光從地上移向天空。

「當短尾鵰用這樣的方式從天而降，就代表，也許獅子殺了水牛，或者，也許，也許，水牛生下，生下一隻小牛。」雷尼斯激動的時候，講英語常會口吃。

距離好幾公里之遙，全神貫注檢查地表足跡的同時，雷尼斯竟能注意到這麼遠的地方，有一隻鵰降落。我們常常用二分法區隔思考大局的人以及注重小節的人，也就是美國原住民以前所說的「老鷹眼光」與「老鼠眼光」。追蹤師同時體現兩種觀看方式，他們在兩種狀態之間流暢切換。

雷尼斯說：「往那裡去吧！」新的火焰點亮他的雙眼。

在追蹤的路上，這樣的事情就像是能帶來新進展的一道線索。一個徵兆！一股力量重新注入我的體內。現在，我看著這兩個人試圖推斷那隻鳥在前方樹林的落地之處。我們帶著一股新的動力前進，有種回到正軌的感覺。

雷尼斯說：「Hi ta swi kuma.」我們會找到。

我追蹤，我清醒

當我們接近推測的短尾鵰著地處，體內的定位系統受到嚴厲考驗。看著地平線的時候，這個任務相對容易，然而一旦進入茂密的樹林，要一邊在樹木間穿梭，一邊辨認那隻鵰著地之處的方位，這個任務就變得困難許多。

地表的基底變成被密草與參天的風車木圍繞的塊塊白沙，水牛群留下的痕跡仍在。一株風車木開花，淡黃色的花朵將蜜蜂從各處引來。地貌改變，故事也隨之轉了個彎。

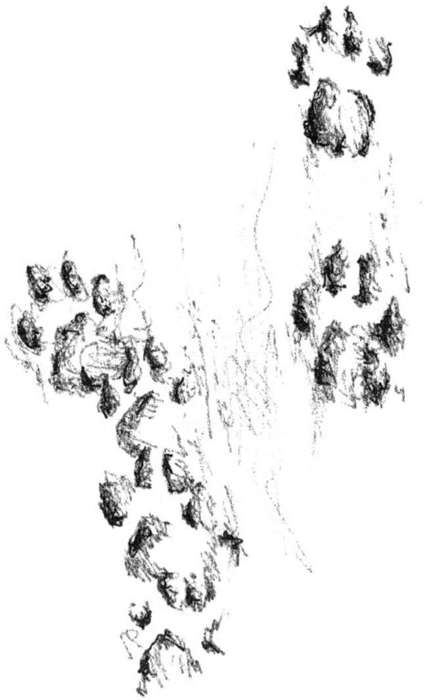

知道何時應該留在原本的追蹤路徑，

何時應該改變追蹤目標，很不簡單。

我們抓到雄獅的足跡，然後，一頭母獅的足跡突然出現。接著出現第二頭。然後，第三頭。層層疊疊的足跡訴說著這群獅子如何重新聚首，跟彼此打招呼。牠們貼著身子走，磨蹭著彼此，腳印不斷重疊。獅群團聚了。

雷尼斯看到土壤被蹄印切割成一塊塊楔子，代表一小群斑馬突然加速。他說：「也許斑馬是要逃離獅子。」有時候，往獵物移動的反方向走，就可以知道獵食者的方位。

獅子們走在一起，一個日夜生活在荒野之中的野貓團體，像一支特戰部隊。牠們必須自衛，必須追捕為了生存而演化數千年的獵物。牠們必須保護幼獸，並且捍衛領土。大自然沒有贅肉，萬物都在必要熵值的限制之中生存。獅子在該休息的時候休息，該親近的時候親近，該獵殺的時候獵殺，該爭鬥的時候爭鬥。這個群體之中，有著極度明確的角色分工以及紀律。

我常常坐在遊獵卡車上，花一整個下午觀察獅群，等到夜晚降臨，凶暴的低草原暴風雨逼近，我才回家。閃電劈裂天空，雷聲震耳欲聾，躺在床上的我想著那群待在暴風雨中的獅子。跟我不一樣，牠們無法回到遮風避雨之處。所謂野生，就是如此。

獅群的足跡突然分岔。前進的模式從一致的方向轉為不規則的倉促移動，每一頭獅子都走不同方向。

雷尼斯吹口哨，跟我們說：「Tinghala xi lava ku hlota.」這些獅子想開殺戒。移動模式的變化訴說著獵殺的故事。獅子在兩種情況下最危險：有幼獸的時候跟有肉吃的時候。當空氣中飄著濃濃的血肉氣味，牠們體內的某種東西就會被啟動。進食本能的刺激下，牠們可能對彼此產生攻擊性，對入侵者更不用說了。

少年時期，父親曾教我遇到獅子襲擊人的時候要如何處理。「盡量靠近牠。」他說，「正在襲擊人的時候，牠不會理你。靠近牠，然後把槍口直接對著牠，試著開槍把牠從受害者身上射下來。」

現在，身上唯一的武裝是一根小型的木製圓頭棍，還有同行兩人的經驗，我踏上獵人的路。此刻，故事充滿濃厚的意義與象徵。水牛的足跡，降落的飛鳥，重聚的獅群。

我走在願景中。我走在夢裡面。我追蹤。我清醒。

8 在追蹤裡找到活著的感受

偉大的祖魯部族讓南非的戰事發生革命性的變革，因為他們採行了一種戰略，其中包含速度、毀滅性武器，以及名叫「水牛角」的陣法。體格精實且渴望戰鬥的步兵會全速衝向敵軍，還會同時又發動兩組方陣，由數百個男人組成，配置在遠處，所以不會被察覺。

這兩隻「角」將會在敵人不知情的狀況下，從側翼夾擊。當戰事開始，中軍向前衝，與敵人交戰。突然間，兩角從兩側出現，發現自己被包圍的敵軍只能大驚失色，等著被屠宰。

我常在想，發明「水牛角」的偉大軍事領袖夏卡．祖魯（Shaka Zulu）是否從獅子的獵殺方式中得到這種布陣的靈感。

足跡訴說著這樣的故事：兩頭母獅分開，往不同方向跑去，雄獅與另一頭母獅繼續直線前進。牠們的足跡岔開，為了拓寬攻擊中心而分頭走。彼此之間沒有一句對話，這群獅子卻已經設好陷阱。帶著驚人的速度與銳利的兵器，牠們穿過草原，像一道道陰影。

奮力求取安全的代價

地貌變成茂密的草地。我們三人沒有分別追蹤不同路線的足跡，而是選擇一起前進。草變得更濃密，成了一片棕色的蓆子，很難看見足跡。我們踩著沙粒與草葉前行。當獅子舉起腿，沙會黏在腳掌肉墊，踩下的時候就會沾在草上。要注意到這些細節，大腦必須進入深度專注的狀態，而雷尼斯訓練有素的專注力再次令我驚艷。

那是在艱苦的童年中養成的。就像職業拳擊手不常出身有錢人家住的區域，追蹤師也鮮少擁有舒適溫馨的家庭背景。這兩種行當都得伴隨韌性、專注，以及誘因的動力。

小時候，雷尼斯必須負責照料他的父親擁有的牛群。年僅十一歲的他每天花好幾個小時在草地上牧牛，保護牠們免受獅子襲擊。至於餐點，他只能抓到什麼吃什麼。丟失一頭牛，雷尼斯就要挨父親一頓痛揍。要是有牛隻被獅子殺了，雷尼斯就必須追蹤並且殺掉那頭獅子。這就是採集狩獵者的生活，這就是野地裡的生活。

踩在準備獵殺的獅群足跡上，我體內某個聲音被喚醒。樹林漸形茂密，我能清楚感受到一種危險的元素進駐。關於現代生活的一切，重點似乎都在於安全。我們總在迴避恐懼，奮力求取安全。但是，代價是什麼？

雷尼斯打了表示追丟足跡的手語，現在我們必須做出選擇。應該試圖找回足跡，或是繼續朝著我們判定的短尾鵰落點前進？

艾力克斯搖著頭說：「老弟，看到這些草了吧？」死掉的草黏在地上，形成一層覆蓋，讓足跡幾乎不可能被看見。

我問：「你覺得那隻短尾鵰降落在哪兒？」

作為回應，雷尼斯往那個方向移動。樹林的茂密程度穩定上升，隨之而來的是一種微妙的幽閉恐懼症。我曾在類似這樣的樹林裡遭到一頭雄獅猛襲，往後的好幾天，那場噩夢在我腦海反覆播放，像一部電影投射在眼睛後方，不停循環。

那是我最初幾次獨自成功追蹤到獅子。我跟隨著足跡移動，沿著一條布滿沙塵的獸徑行走。我輕易看見足跡，移動速度也快。那曾是一群河馬前往水洞走的路，我記得當時對自己的表現頗為滿意。然後，我抬頭看見一頭獅子站在白蟻丘上。我們之間的距離不到十公尺，牠盯著我。

我記得的第一件事，就是那頭獅子的表情。牠的能量流瀉出來，給了我那自鳴得意的臉一記耳光。煩躁讓牠甩動尾巴，像揮舞著鞭。

牠站立在白蟻丘上，看起來好巨大。牠的眼光將我鎖定，我感覺到心臟狂跳，膝蓋彎曲，所有內在的聲音都在大喊著：「站好！」這種時候，一個錯誤的反應就會害我被吃掉。

那頭獅子開始低吼，朝著我快速走下白蟻丘。牠的身體傳達危險性，清晰而絕對。牠的眼光鑽入我的靈魂，尋找我的弱點。我很怕，但某種更為真實的東西卻越過了恐懼。那幾乎像是一種原本被深埋在關於自身不足的種種神經質底下的明確性格。之後，一切發生得很快。

獅子朝我奔來，我以大聲吼叫來回應牠的侵略。牠跳近一點，然後急停，往反方向奔離，留下我獨自站在原地，臉色蒼白，渾身顫抖。

我拖著發軟的雙腳，緩緩退出林外。

自然界裡的每個生命都知道如何做自己。

事發後數日，我一直夢到那頭獅子。我開始感覺到，我跟牠的短暫相遇其實是一份禮物。直到今天，我仍在思索當時從恐懼底下找到的那份勇氣。我不知道自己能不能再次找到，我不知道刻意去找尋那份勇氣是不是錯誤。但我確知的是，**對於我的人生來說，最大的危險之一就是缺乏危險。接觸過極限邊緣，我們就會更深入認識自己。**恐懼症是真實苦難的替代品。在不要求真正勇氣的人生中，恐懼是最尋常的狀態。

現在，經過算計，我才敢往樹林深處走去。我探尋理智行動的邊界。我知道這種地方沒有自作勇猛的空間，但我也不希望被這道邊界限制住。我知道恐懼能傳授我們一些東西。

當然，有了雷尼斯與艾力克斯的經驗，差別很大。在這裡，被樹木與野生動物包圍，我們是三個成員組成的人類團體。三位一體，透過共同的努力協助彼此成長。比起能夠獨自抵達的最遠處，我已經多走了好幾英里遠。艾力克斯也超越了獨自追蹤的距離紀錄，雷尼斯則因為我們而讓自己的生命更加開闊。真正的施予，給向每一個方位。

把生命活成現實

土地上有鬣狗的腳印，跳躍的步伐讓爪子深陷。這隻鬣狗突然停住，然後轉身往相反的方向跑。牠可能朝著肉的氣味跑來，看到那頭雄獅之後又逃之夭夭。劇情愈來愈引人入勝。

五十公尺之外，那隻鷓從茂密的草叢飛起，又俯衝躲進一棵金合歡樹裡。雷尼斯注視牠的嗉囊，查看有沒有吞食肉塊的突起。

我們小心翼翼靠近。我的眼睛掃描每一片草叢，覺得獅子隨時會從長草中站起。然而，附近全無獅子的跡象。先前的徵兆成了一場空，眼前只有片片棕草。

艾力克斯跟我繞的圈子愈來愈大，希望可以找到些許腳印或痕跡。

我們的跫音之外，萬籟俱寂。灌木叢裡的空氣凝滯，給人一種窒息感。汗水從我的帽沿滴落。對著灼人的烈日，我瞇起雙眼。

雷尼斯仍穿著襯衣，似乎對酷熱免疫。他一路上幾乎沒喝多少水，我想起他曾說過：「走路可以整治任何痛苦。只要走路，你就會好。」

追蹤跟電影裡的描繪不同。儘管用盡全力逃脫，布屈・卡西迪（Butch Cassidy）跟日舞小子（Sundance Kid）被印地安追蹤師不斷追逐。美國追蹤師湯姆・布朗說森林裡會有一條一條的銀線，只有傳說中的追蹤師能夠看見。事實上，雖然在追蹤大師的眼中，追蹤路徑順暢流動，往往仍會牽涉到一系列非線性的疑難排解。故事從來不會依照你的意願發展，到頭來，短尾鵰並不是你所想的徵兆。獅群為了獵殺而分道揚鑣，獅蹤又失蹤了。

雷尼斯靜立。他在沉思。故事走到這裡，那隻短尾鵰應該要代表些什麼。雷尼斯在心裡重整所有線索。他花點時間靜下來。而正因為靜立不動，他看見蒼蠅飛過，全都朝向同一個方向。

他慢慢趨近蒼蠅的飛行路徑。現在，追蹤師在追蹤蒼蠅。他抬起頭，嗅聞隱形的氣味地圖。他在靜止的空氣中擺動著頭，像卡通裡嗅聞起司氣味的老鼠。他走進一處樹叢，看到獵殺現場。徵兆並沒有錯！

小水牛的血液與腸胃裡的東西，讓地上到現在還是濕的。剩下的只有蹄和一對小角。獅群用餐之處，草地都被壓平了。

對於這頭小水牛的命運，艾力克斯的評語是：「這可是荒野裡的一頓大餐啊。」

雷尼斯在心裡快速計算。他看著雙角，判斷水牛的大小。我想像他回想足跡訴說的獅群組成：一頭巨大雄獅與三頭母獅。然後，他把一切帶入公式：對獅子行為的知識告訴他，巨大的雄獅會霸占這具小屍體。他感受到皮膚上的炙熱，知道同樣的烈日也晒著獅子的皮膚。透過土壤的濕度與血液乾燥的速度，他判定獵殺發生的時間點。我感到喉嚨一陣乾渴，於是俯身拾起一塊石頭吸吮。

雷尼斯的經驗資料庫消化了一切資訊。故事的輪廓更加明顯了。他說：「獅子們還沒吃飽，吃飽的肚子會讓牠們馬上睡著。這只是一頭小水牛，牠們吃得不多。現在那麼熱，我猜牠們會想喝水。」

追蹤師用新的證據重塑假說。他接下來做的事，被研究追蹤的科學家稱為「猜想推測追蹤法」。

他運用自身對那個區域的認知，丟出一計追蹤領域裡的美式足球長傳。距離我們所處之地，最近的水源在兩英里外——桃花心木厚重樹蔭下的一條河。

艾力克斯說：「我們往那條河去吧。」

保持一貫的商議態度，雷尼斯回答：「我想那條河應該是對的去處。」

我們走到沙丘林的邊緣。我因為視野漸闊而感到心曠神怡，眼前是有坡度的林中空地，地勢往下，通往那條河的綠色支流。再往前看，一顆顆岩石露頭從地上竄出，好像有巨人拿巨礫搭造出一座座形狀奇特的小塔。

東方是連綿數百里無人涉足的荒野。

從高處往那裡看去，我感覺到這個空間進入我的身體，以一種根本的方式擴張。地平線的景觀解放了我的想像力。每天盯著螢幕的我們，從不知道遙遠的地平線能為精神帶來什麼。在兩位被景色襯得渺小的良師益友身後緩步而行，我了解到，他們活在不一樣的神話體系裡。他們活出不一樣的故事。

數千年來，活在主流的文化敘事之外，就代表死亡；處在採集狩獵者的圈子之外，就是被村落排擠。內心深處，我們都想要歸屬，這道理到今天都還適用。然而，也許是人類史上頭一遭，現代社會——主流文化——成了孤立我們的東西。要是可以透過追蹤，找到脫離現代生活負擔的道路，創造一個更能表達自我的存在，個人的生命就可能成為活生生的神話，可以帶給他人啟發的神話。

我聽見野性的自我在體內低語：把它活成現實吧。

我們花了不少時間才抵達樹蔭濃密的河岸。一隻非洲魚鷹啼叫，蘆葦裡有一頭河馬發出非洲河流的鳴叫之歌。

棗椰樹與茂密的蘆原將河流區染成綠色。植被至少有一點五公里寬，那條河流從中貫穿，流過沙子與白色的花崗岩。茂密涼爽的地貌是河馬與豹的理想棲息處，河岸滿是成群的河馬與大象走來喝水留下的蹄印。

找到活著的感受

河岸上流處有一條美麗的獸徑，那是被烈日下跑來樹蔭避暑的各種動物所踏出來的。幾隻長尾猴因為我們的到來而倉皇地蹦跳逃走。

我們踏上河岸，開始往下游行進。目前走的路仍是開闊的沙地，還有可能撞

追蹤意識的重點就是與周遭人事物的協調程度。

追蹤意識讓你在道路出現的時候認出它。

追蹤意識教你看見對你來說重要的東西。

見獅子的足跡。如果牠們真的有來河邊，這條路就是發現足跡的最佳地點。

河岸旁的高大樹木提供了遮蔭，我對此心懷感激。一隻南方黑伯勞發出金屬般的鳴叫。就我自身的美感經驗而言，在一條獸徑上行走，是在土地上看見自我足跡的機會。自身的步伐被呈現為土地上的一段故事。「在水上行走並非奇蹟，在地上行走才是。」一行禪師如是說，「只要能感知生命，奇蹟就在我們身邊。」

「嘿，有看到你的畸形腳嗎？」艾力克斯問，「它往外凸得很誇張耶！」

他跟雷尼斯都笑了。

我的右腿看起來很可怕，多虧了當年那尾差點把它咬下來的鱷魚。艾力克斯覺得這件事很好笑。觀察自己的足跡，就會看見關於自身存在的某些東西反映在步態裡。一步是正常的腳印，下一步卻往右邊岔出，彷彿隨時可能朝著某個不相關的奇怪方向脫軌而去。藏於其中的諷刺，我了然於心：身為一個追蹤的狂熱者，隨時都要緊盯地面，但要穩穩踏在地上，有時候對我來說卻是掙扎。

我們成一路縱隊前進。河岸夠寬，但寬度遠不及下面的河床。一個聲音突然出現，像把一大片濕掉的帆布甩在錄音室的牆壁上。穿過獸徑上的枝幹與灌木叢，

追蹤讓自己感覺好的事物，
然後把更多這類事物帶進生命裡；
注意到讓自己感覺糟的事物，然後盡量少做。

我能看見一頭大象充滿皺紋的厚皮，被濕泥染得烏黑。牠在太陽下熠熠生輝。那頭大象沿著獸徑朝我們走來，雖然隔著一段距離，我仍能聽見巨蹄壓在獸徑上的聲響。

雷尼斯踢了踢地面，揚起一陣塵土，隨風飄蕩。我們跟著塵土走，往下風處行進。獸徑旁幾碼之處有一株棗椰樹，我們走過去，蹲伏在樹後。

牠是一頭巨大的成年公象。襯著黑色的皮膚，象牙顯得潔白閃亮。牠帶著一種恍惚感移動。從地面上看，牠的尺寸驚人。我感覺牠的身軀似乎擁有一種深層的能量，讓周遭的空氣充電。敬畏感比牠的本體更早到來。

那頭大象離我們很近，我能聽見土塊從牠的身體落在地上的聲音。我能聞到牠身上的氣味，混合著碾碎的植被與發酵的樹葉。我能看見牠的睫毛，以及踩踏時腳掌軟骨的擴張。三不五時，牠搧動耳朵，裡面的血液冷卻，然後再流回心臟。牠停步嗅聞我們遺留的足跡。

牠不知道我們現在躲在哪裡，但意識到我們曾經待過。牠抬起巨大的頭，緩慢地四處張望。像牠這樣的成年公象可能曾經走進莫三比克，突襲村莊的玉米田。

盜獵者可能曾經對牠開槍，同樣地，牠也可能跟人類有過幾次接觸。我相信，在大象存在的核心裡，有著一種古老的智慧。我看見牠用巨大的象鼻嗅聞空氣，我看見身旁的艾力克斯露出興奮的笑容。我們跟大象靠得很近，而這帶來一種近乎傻氣的歡欣。我感到些微暈眩。我們是一體的生命，以不同的形態舞動。

大象深呼吸，抖抖身子，擺動巨首，繼續前行。隨著大象走遠，我可以感覺到他的存在漸逝，像一口大鑼的餘音。我感到充實。

說實在話，我的任務完成了。現在掉頭回家，我也很快樂。我聽見約瑟夫·坎伯的話語：「人類找尋的並非生命的意義，而是活著的感受。」如果這就是終極目的，我想我已經找到了。

清晨出發之時，我沒料到會有這一刻的感受。正因為這樣的時刻，追蹤師的生活才令人驚喜讚歎。追蹤的人生會讓你碰上許多意料之外的奇遇。

彷彿窺見我的心思，雷尼斯與艾力克斯把注意力放回獅子身上，告訴我：「繼續挺進吧！」

9 全然專注，直入化境

獸徑被那頭大象皺摺的腳印碾壓。跟方向盤一樣大的腳掌抹除所有其他足跡，走過之處遺留斑斑土塊。

河水流過岩石、泥沙以及岸邊多瘤樹根的聲音形成一種幽微的旋律，訴說這條河的旅程故事：從南非東邊的斷崖流入低草原，穿過克魯格國家公園的空寂，抵達莫三比克平坦的氾濫平原，最後在某個被遺忘的河口與海洋相遇。

這條河走著自己的路，沒有隻字片語，卻在途中孕育了無數生命。村子裡，女人用大桶子取水，男孩捕捉鯛魚與白魚；保育區內，河流在炎熱的日子裡讓長頸鹿有水飲用，帶來的蘆葦為數千隻鳥兒提供築巢之所，河岸的肥沃土壤引來大樹生長。

給予生命的同時，河流不求任何回報。

大自然在我們身邊默默示範何謂豐足。

失而復得的足跡

在追蹤的路上，我們堅持前行，希望遇上口渴的獅子前往河邊喝水時留下的足跡。雷尼斯走在最前面，接著是艾力克斯，然後才是我。

進入連續追蹤的第七小時，我發現自己陷入會在林地出現的時間錯亂，不知道我們出動了幾分鐘，還是幾天。

我現在口渴得要命，想要把臉浸泡在河裡，但我刻意不想在他們兩人面前顯得脆弱。我們明明帶著極端的專注與警覺持續步行六小時，沒吃東西也沒喝水，但我看艾力克斯與雷尼斯似乎連汗都沒有流。我曾在把「工作」「使命」與「意義」合而為一的人身上見證過這樣的能量，這種人不用休息，更不用度假。他們工作起來比任何人都勤奮，卻不是出於堅韌的決心，而是基於純然的喜悅。

艾力克斯說：「兄弟，我們需要找到足跡。」

「別擔心，」雷尼斯說，「我確定牠們會來這裡。我了解這些獅子。」

雷尼斯是動物行為模式的學生。在林地裡追蹤特定獅群多年，代表他知道獅

以追蹤師的身分生活，
就代表要在經過足跡時，
辨認出追蹤的道路。

子最喜歡走的某一條路徑，或是最喜歡在哪個地點跨越山溝。他知道特定動物的特定走法，也了解個別動物的性情。

然後，出現了。一個漂亮的足跡。就在皺摺的大象腳印上，壓著母獅的掌痕。艾力克斯說：「這可是正港的藝術啊。」

失而復得的欣喜之情，難以言喻。多巴胺流竄全身。破案的關鍵！改變一切的線索！

繼續在獸徑上往前走，腳印愈來愈多。整個獅群都在。疊在母獅足跡上的是雄獅的較大腳印，吃了大多的水牛屍體之後，腹飽的牠落後其他獅子很遠，把足跡落在最後面。獅子的足跡覆蓋在大象的足跡之上，而大象才剛剛走過不久。這代表我們確實踏入獅子的勢力範圍了。

雷尼斯停下腳步，轉頭對我說：「來吧，兄弟，輪到你了。」

他把我帶到最前頭，把領隊的責任交付給我。我現在的工作是繼續追蹤足跡，而隨著我們愈來愈接近獅群，雷尼斯與艾力克斯會幫我觀察前方的林地，以免在不知情的狀況下與獅子直接碰上。站在隊伍最前端，有一種在我欣賞的人們面前接到球的感覺。

突然間，我發現一個跟我同行多年的老朋友現身。每個人都有這樣的朋友，我的朋友名叫自我懷疑。而我學到的是，與其抗拒，不如大方邀請，歡迎他擔任教我謙卑的導師。我與這位老友攜手前行。第一組足跡，接著，下一組。

我的技巧生疏，眼睛也許久未經訓練。就算已經追蹤一整天，擔任領隊的壓力還是讓我的腦袋阻塞。感覺像是靈魂出竅，每件事都變成問題。那是足跡嗎？是嗎？不，獅子不會走這裡。牠們選擇別條路了嗎？

「Yima, yima, buti. 等一下，等一下，兄弟。」雷尼斯說，「好啦。」這通常代表他要開始鼓勵我了。

「好啦，兄弟，我看得出來你想太多了。不要擔心，我們會幫你。試著享受就對了。」

我重新開始，忽快忽慢前進。足跡。足跡。足跡。我感覺到美國生活的塵埃從雙眼剝落。足跡。

艾力克斯用手指著我，那是一種肯定的表示。雷尼斯說：「很好。」

足跡分歧為好幾條路線，穿過在冬天被象群啃到膝蓋高度的蘆葦叢。遊戲的重點就是在歧路之中選到正確的那一條。

我的步履不像之前那樣忽快忽慢，逐漸與獅子的步伐一致。我的專注力愈形銳利，辨認足跡輕而易舉。我再次感受到自己的身體，而且有一種被事物深深吸收之後，失去所有感官的微妙體驗。足跡幾乎像是活的，將我往前拉扯。

追蹤是進入心流的門。心流是一種全情投入手邊任務的心理狀態，在心流狀態中，獅子、足跡與追蹤師融為一體，沒有分隔。現在，我感到自己初次淺嘗這種層級的專注。我察覺自己步履加速，注意力變得更為敏銳，在獅子分頭前進之處挑選一條路徑。我的眼睛掃描前方十到十五碼，搜尋難以被察覺的腳印、獅子的腳趾、掌上的肉墊、草上的泥沙。

我鎖定一條路徑，但注意力涵蓋甚廣。追蹤是一種美妙的執念，我感覺被深深吸引。我可以感受到那群獅子在前方移動，彷彿我們之間連接著一條能量繩索。

你來這裡，是為了活

上游區，一隻長尾猴看見危險經過，發出警告的鳴叫，宣告獅子的到來。接著，一頭林羚也用吠叫警示，松鼠們也跟著發出警覺的聲響。獅群在我們前方移動，所有動物都因這份危險而躁動。足跡訴說著地上的故事，動物們談論著獵食者的到來。這一切都發生在此時此刻。

人生中有太多問題沒有解答，但現在我覺得自己走在命定的道路上。生命的荒野引導著我，跟我說話，在每一個轉角處為我留下徵兆。體內那份活生生的沉靜接掌全局，與此同時，局促不安與自我批判逐漸消散。此刻是完整的，包含了曾經存在以及即將到來的所有瞬間。

我不是追隨獅子到一個地方，而是追隨獅子進入一種存在的狀態。這種經驗是精神性的。

我往前急馳，感覺雙腿脫地飛行。艾力克斯與雷尼斯緊跟在後。

我的身體在移動，我的眼睛在解讀。所有的勉強嘗試，都逐步進化為全然的自在。

一切都在這條追蹤路徑上，這條道路體現了我的追尋。這次的追蹤潛藏一份禮物，與未來的我遙相呼應。那是獅子給我的禮物。

牠們幫助我想起活在我——以及每個人——體內的野性自我，召喚這世上不同的生存方式。每一個看似無關的足跡都殊途同歸，引出這一份領悟：我的道路就是對失落的部族發出呼喊，要大家重拾身為追蹤師的自覺。

一份滿含訊息的感受進駐我的身體。在迷幻般的狀態之中，覺知對我訴說。野性的自我明白一切。如同當時覺得自己理應成為一個人生教練，現在的我也有類似的感覺。我看到一條新的道路在眼前開展。

突然之間，一整天都在低語的野性自我大聲疾呼：

渴望並且感覺自己應該創造不同世界的你們啊。受社會這種疾病所苦的你們啊。攀至頂峰卻發現上面空無一物的你們啊。有著服務欲望的你們啊。受大自然與地球上的生物吸引的你們啊。你們就是追蹤師。

現在，我們處在一個拐點。我們必須離開安全的村落，冒險去追蹤某種狂野不定，而且尚未被定義的東西。我們必須活在那條追蹤路徑上，受一組只有你能辨認的線索推動，因為它們在你體內注入生命力。你必須教自己看見自己的路。

你來這裡，是為了活。你的生命可以是一場偉大變革的起點，而且必定要是。

我的一切都在這裡：終其一生對療癒自然的執著、在一個修復的荒野長大的原因、對追蹤的熱情、為了舉辦儀式而四處奔走的那些年頭、訴說故事的欲望。全部的傾向與意料之外的足跡，都指向一項單純的任務：通知全世界的追蹤師，時候到了。

讓他們追蹤內在的偉大療癒。讓他們追蹤生在這個世上的目的。讓他們找到修復自己的東西。給他們一個新的古法思索人生。讓他們透過追蹤，為世界找到一個可以棲居其中的新神話。

一個住在真實野性自我的人，會成為一個變革者。讓他們啟動的並非所作所為，而是人生的真實。在這樣的時刻，受意義澆灌的生命就是一種行動主義。

離開當代生活的信息高速公路，悄悄踏上屬於自己的旅途。走上一條新的追蹤路徑，在森林的回音裡聽見野性自我的低語。找到一個既狂野又危險，且值得你為之恐懼與喜悅、投注專注力的東西，然後追尋其足跡。依循自我的內在引導，深刻地活著。

找到並分享自己的天賦，沒有什麼比這更有療癒力了。

把你的眼睛往前丟

前方沙地，有一組爪印旋轉一百八十度，正對我們。那痕跡就像急流裡的一塊大石，逆著足跡的能量形成渦流。我聽見詩人魯米的聲音：「你尋找的，也在尋找你。」

當所有獅子往前，一隻母獅卻轉身回顧獸徑，朝著我們看過來。縱然無法聽見或嗅見我們，肉體深處的本能還是察覺到了什麼。在任何高階的藝術型態裡，實務總會讓位給玄祕。

我想像著，就在我領悟自身天職的那一瞬，這頭母獅轉過來看我。她回首來時路，望向追蹤師。然後，繼續前行。

我從感覺像是另一個世界的地方回神，看見艾力克斯與雷尼斯緊緊走在身後。我帶著新的眼界歸來，這一次，我跟他們一起在追蹤路徑上流暢移動，在三人共享的心流狀態裡同時領導與追隨。

前方，成熟的日頭漸低，照出午後的迷濛。遠處的河岸，一頭水羚靜立，動也不動。

我的眼睛追隨獅子的足跡，盡量延伸至最遠處：十公尺、二十公尺、三十公尺。艾力克斯教過我：「把你的眼睛往前丟。」現在，我把眼睛往前丟，射向自己的目標。

進入一道小山溝，那是身軀龐大的河馬在夜裡來回踩踏出來的。從這裡開始，獅子的足跡滑入濕泥，因為牠們遠離河岸，走進構成河床的濃密棗椰林。這樣一來，我們唯一的前進方式，就是低身爬進茂密棕櫚葉圍成的隧道。那裡面，枝繁葉茂，激流的聲響讓耳朵失去作用。那裡面，水牛沉睡。那裡面，是這群獅子的去處。

我們三人站在河岸邊緣，俯望山溝，看著像是綠色怪獸張嘴的隧道入口。我們知道，那裡面，有怪獸棲息。我們到了一個對投入、衝勁，與瘋狂程度提出考驗的時刻。

只有一剎那的遲疑。我們互看一眼，然後，雷尼斯走下河岸。

10 與野性導師相遇

野性自我的引導

魔幻時刻降臨，此時的光線讓萬物變得美麗，如相岡人所言。澄澈的光線在樹皮與樹葉上蝕刻出完美的細節，河馬在河岸上往來踏出凹凸不平的道路。當我們隱沒其中，大自然無語旁觀。

往下步入河床，代表我們從相對安全的河岸走進看不見的危險之中。但安危並非我的考量。我知道這條路是故事的一部分，而我也知道要這麼做。我感覺自己依附於野性自我的引導。

我的肩膀有一種牢固感，雙腿像焊接在地上。

我心想：原來有使命的生活就是這樣。生命的足跡在此化為情緒與知覺。往後的人生裡，我必須每一天都「做我知道要做的事」。不是扮演某個角色或滿足某種形象的理性思維，而是活在當下更為深刻的覺知之中。我帶著這份感覺踏入蘆葦叢，很快被枝葉吞噬。一陣微風沿著河流吹來，棕櫚葉互相摩擦，如皺摺的紙張。在隧道裡，我們伏低身軀，一寸一寸前進。戰地壕溝的意象從我的腦海閃現。充滿鹽分的汗水滲入我的眼睛。有時候，像一聲喘氣，隧道上方開出一個缺口，讓我們瞥見外面的天空。

接近獅群

我能從土壤嗅到獅子的氣味，接著就遇上一大坨雄獅的糞便，仍然溫熱，味道刺鼻。雷尼斯指著那坨糞便，用手語表示獅子就在左近。

我們知道我們已經很接近。問題是，獅子仍在我們看不見的河道中間前行，還是已經在林裡某處酣睡？

隧道漸漸開闊，現出一片小沙灘。厚厚的河沙上布滿獅群的腳印，牠們各自走向河邊飲水。先是雄獅，然後是三頭母獅。我看到雷尼斯正在仔細觀察。

他說：「我猜有一頭新的母獅加入。」

我們在粗糙的河沙上看見一隻麝香貓的足印，那是一種長得像大貓的生物。

接著，我們集體領悟了一件事：那足印並非來自麝香貓，而是一頭幼獅。

跟任何錯誤一樣，這個發現以令人反胃的慢速姍姍來遲。雷尼斯開始環顧四周。倘若我們與幼獸的距離比獅子媽媽還近，她絕對不會善罷干休。

彷彿有人突然把電壓調高，我感覺到腎上腺素充斥全身，連嘴裡的味道都變了。我們本來就知道獅群很近，但第四頭母獅帶著幼獅到來，讓風險的面貌大變。

雷尼斯跟艾力克斯差點命喪母獅爪下的一次，就是不小心把自己擺在母獅與幼獅中間。艾力克斯跟我說，本來那頭母獅逃離了，但就在跑遠的同時，他看見母獅的右前腿用力，以此為軸心讓身體繞了半圈，然後直接朝他們奔來。她在距離不到一碼之處停步，雷尼斯對她扔了一小截木頭。她把兩人鎖在原地，隨時都可能跳上去發動攻擊。時間緩慢流過，片刻如終生。終於，她轉身離去。艾力克斯嘔吐，此後兩人絕口不提此事。

在這個人類與動物都無處可去的地勢，同樣的狀況將代表極端的危險。我們讓身體靜止，緊緊挨著彼此。艾力克斯臉上有一種瘋狂的表情，他在享受。

我能察覺到雷尼斯正在感受獅群的接近程度。我們緩緩朝著跟沙灘相連的隧道撤退。

樹叢色彩斑斕，近乎迷幻。我的聽覺通電，嗅覺捕捉一切。體內的動物徹底覺醒，我活過來了。

出隧道的我跟進隧道的我是兩個截然不同的人。訊息愈來愈清楚了。我們處在一個否認死亡的社會，等於處在一個否定生命的社會。但在這裡，當人類與自然之間沒有界線，我們多麼單薄。關於如何活著，這真是絕佳的導師。面對恐懼，會出現類似敬畏的東西；而敬畏之後，人就會懂得謙卑。懂得謙卑，就能從支配、控制與力量的幻想中解放。我放棄個人生命的重要性，選擇成為生命的一部分。自然存在體內，同時也在周身開展。我受其智能引導，跟更深層的使命結合，這是一種同時偉大卻又渺小的感覺。

與美麗的野性導師相遇

回到河岸，我們發出壓力釋放後的緊張笑聲。雷尼斯說：「Ngozi straight.」真的好險。

不久之後，我們終於與牠們相遇。在河岸沙地上，一塊蘆葦叢中的空間，我們見到獅群。牠們的姿態之美，包含在身軀形狀裡的野性，令人屏息。我感覺自己與那份神祕連接了，懸吊在古往今來所有找到所尋的追蹤師共有的喜悅意識裡。

我們站在一棵非洲黑檀木後面觀賞牠們。幼獸咬著母親的耳朵，雄獅臥於數呎之外，俯視河面。這幅畫面就算放在數百萬年前，也毫不違和。目睹此景，撫慰人心。這群美麗的野性導師，幫助我找到道路中的道路。

我們互碰拳頭慶賀。雷尼斯說：「嘿，這我喜歡。」艾力克斯露出他招牌的無禮笑容。拖著疲憊的手臂、晒傷的腿腳，以及深切的口渴，我們煥發著一日追蹤帶來的單純喜樂。

找到並分享自己的天賦，
沒有什麼比這更有療癒力了。

活在追蹤的路上

我們到達這裡見證。我們以追蹤師的身分訴說了獅子的故事，而追蹤本身也幫助我們訴說自己的故事。

我很開心可以活在一個有獅子存在的世界。就算在我書寫這些文字的當下，在安全的房間牆壁之內，我仍知道這個世上某處正有一頭獅子步入廣闊的荒野，繼續祕密地生活。

艾力克斯用無線電把獅群的位置傳送給接待旅客的遊獵嚮導。獅群將被看見，誰知道牠們的美將會激發什麼。

艾力克斯跟雷尼斯逗留觀賞片刻，然後我們轉身離去。

感覺起來非常短暫，幾乎有點反高潮。但雷尼斯與艾力克斯的動機從不來自結果，他們只活在追蹤的路上。而現在的我，也是如此。

結語

跟著生命為我們鋪設的內在道路走

追蹤獅子那命定之日的往後幾週乃至幾個月，我執迷於寫作。在追蹤獅子的最後幾個小時，我的下一條道路變得明晰。令人興奮的是，在還算奇妙的人生裡，那些看似無關的足跡——土地、獅子、追蹤、指引、療癒——在一個瞬間聚合為一個清楚的使命：對他人送出呼喚，跟他人分享所學。終究，我不知道自己要去哪兒，但我確切知道怎麼抵達那裡。這是生命的優雅智慧。

我希望這本書對遺忘的追蹤師部族發出呼喚。也許，你就是我們的一分子。是時候了，我們要從不同的中心點追蹤。這份行動主義的第一項任務，就是追蹤到更能真切反映內在的外部生活。我們必須重新構想自己的生活，使其成為更具意義的表達。這是始於個人生命之偉大修復的一部分。以追蹤師的身分活著，就是為改變這顆星球擔起責任。想想看，數百萬人從不同的中心點開始追蹤，將會對主流的文化敘事造成多麼巨大的影響。野性自我的魔力在於，每個人都以獨一無二的方式受到指引，但合在一起，這個過程卻會為所有人描繪出一個嶄新的生活方式。

一直引領著我的艾力克斯與雷尼斯繼續讓我看清前路。在具有遠見的南非慈善家蓋諾·魯伯特（Gaynor Rupert）的支持之下，艾力克斯與雷尼斯得以創建追蹤師學院，保存原住民的原始智慧。以倫多洛茲為訓練地點之一的他們已經開始接受全南非的年輕男女報名，包括某些全國最窮困的社區。至今，他們已經訓練了數百名技巧卓越的年輕追蹤師，而且學院的畢業生在觀光、反盜獵以及動物研究的產業中，就業率高達百分之九十九。

看到學院這些超優的畢業生，我看見古老的技藝被保存在這些年輕男女身上，也看見師徒關係的禮贈繼續流傳。

好像這些成就還不足夠似的，雷尼斯與艾力克斯現在也在世界各地登台演講。他們一起講述追蹤的故事，傳達彼此關係的力量。看著雷尼斯這個在大樹下出生的男人在國際舞台上迷倒數千聽眾，更讓我深切體認，跟著生命為我們鋪設的內在道路走，永遠都不知道會被帶到什麼地方。

至於我呢？我走遍世界，又回到家鄉，發現追蹤這項占據我人生一大部分的技藝已經包含轉變所需的一切智慧。我發現自己的天職就是對世上的追蹤師發出呼喚。我要追蹤的下一個目標，就是追蹤本身。

顯然，是時候結合我的兩大熱情了——倫多洛茲的林地，以及讓人們覓得內在航路的引導。我決定打造幾處僻靜之地，將人們帶到非洲的林地，透過實際的冒險，助他們開啟追蹤內在野性自我的過程。

艾力克斯、雷尼斯與我教導人們追蹤的古老技藝，並提供一個體驗內在類比的方式，讓他們得以把所學帶回日常生活之中。對我而言，這份工作完滿了夢想：將我最愛的事情都交織在一起。我們並未謀取這些工作，而是透過跟隨內在的道路，創造了這些工作。我們持續以追蹤師的身分打造自己的生活。

你無法在大學裡研究這些。身為追蹤師，我們真的親身感受野性自我的需求，一邊標記足跡，一邊踏入未經探訪的領地。以追蹤師的姿態生活的我們，察覺對自己來說最重要的工作，然後覓得前往目的地的道路。你的天職將會不一樣，可能性必須被創造出來。然而，只要善用追蹤師的技巧，就能受到生命的感召。

我仍深信，追蹤真實生命的人，會為自己、家人，以及更廣大的社群開創新的可能性。在這樣的時代，當這顆星球呼喊著要求我們重新構想生活方式，這些新的可能性至為重要。

你一定要成為一個追蹤師，踏上追尋野性自我的旅程。只要追蹤真實的生命並且發掘其意義，就會催化生活的其他可能，然後，對你而言重要的東西將會立刻改變。意義不會需索，當你跟野性自我產生深刻的連結，就會知道自己擁有的已經足夠，自己本身也已經足夠。當許多的個人一同踏上這趟發現之旅，改變就會成真。

記得要為這份呼喚做好準備。當「不去做」讓你由衷感覺不對，要知道，這就代表呼喚到來。敞開心胸，迎向未知；開發自己的追蹤意識，學會在周圍的所有資訊之中，辨認出對自己真正重要的；把身體的感覺當作引導，依循第一組足跡而活。

無論多麼微不足道，只要能將你放進自身本質的東西，都是有價值的。縱使不知道它要往哪兒去，跟隨它遊蕩一陣。找到一起追蹤的朋友，追丟足跡，繼續嘗試，得到反饋。找到自己的心流，別忘了瞧瞧，以這種方式生活，會有多少意料之外的際遇。我猜想，只要有每天以追蹤師身分生活的空間，一種想要為人類服務的深切欲望必會浮現。

我的朋友啊，既然讀到這些文字，就把這當作對你的呼喚。

時候到了。

去追蹤吧。

佳評與解析

從追蹤看見生命的脈絡

達娃

追蹤是一種心靈運動，因為追蹤時必須全然敞開、卻又全然專注，必須全然覺察、同時全然無我。追蹤的歷程將使你看見生命的脈絡，看見你的生命與被追蹤者的生命及一切萬物的生命脈絡如何交錯。你在追蹤歷史，卻只能沈浸於當下。在生死二元的存在中，追求著與被追蹤者的合一狀態。

作者博伊德．瓦提透過《獅子追蹤者的生命指南》，透過追蹤獅子的歷程，娓娓道來一場追蹤生命的工作，其起點是一股召喚的力量，在過程中發現生命已轉化成一場追蹤。倘若你無時無刻都處在清澈的覺察之中時，將會在生命中遇見怎樣雄偉壯麗的存在？

博伊德．瓦提邀請我們透過追蹤內在生命行跡，走入自己內在的野性，照見智慧存在於一切有形與無形之中。這是一本輕鬆易讀，能引人走入追蹤實境、激盪心靈探索的好書！

（本文作者為「七世代自然生活學校」共同創辦人、《追蹤師的足跡》譯者）

追蹤自己的獅子

魯宓

翻開本書，看到這些文字的讀者們，想必都是生活在城市裡，家中或許有一些盆栽，養了一些寵物，出門抬頭看到朦朧的太陽，呼吸著悶悶的空氣，沐浴在各種電磁波中……只要是正常人，應該都會覺得這樣的生活不太健康，缺少了大自然的滋潤。

雖然有些人會抽時間去踏青、露營、爬山，有些更厲害的人會遠離城市，前往叢林荒野，讓自己反璞歸真，但最後還是會回到文明中。沒辦法，這裡是我們安身立命的所在。為了彌補，我們大多數人會嘗試用另一種方式來親近心中的大自然，那就是選擇一種看似昇華後的大自然來崇拜，也就是宗教信仰。

但說是選擇並不正確，說是昇華也不盡然。絕大部分的信仰是我們從小被潛移默化的，沒有什麼選擇餘地。這些信仰通常有悠久的歷史，但就像很多其他東西，時間並不一定是品質的保證。

現在我們來假設一種情境：有一個從未接觸過任何宗教的智慧生物，也許是與世隔絕的狼孩子，也許是演化有了突破的靈長類，也許是星際旅行的外星人，也許是剛自覺的人工智慧機器人，這個智慧生物極其聰明，很快就學會了我們的語言文字。有一天進城，剛好碰到一個宗教博覽會，進去後看到了琳瑯滿目的攤位，美妙的聖樂飄揚，還有恩威並施的種種金科玉律。這名智慧生物深受感動，想成為一個顧客……不對，是成為信徒。但是很遺憾，它沒有我們從小耳濡目染的運氣，必須自己做出選擇。要如何選擇呢？

智慧生物沒有任何成見，先是以自己的感受為主，想從那些讓它覺得受到感召的宗教中挑選。但它很快發現，只要願意聆聽，所有宗教都很有感召力，因為他們都宣稱自己是真理。智慧生物想，也許「真理」是共通的？但這些宗教雖然有共通之處，卻都堅持自己才是最神聖完美的，不願意承認可能需要改善。在這種情況下，智慧生物想，只有兩種可能：只有一種宗教是正確的，其他都是錯的；或所有宗教都是正確與錯誤並存。但如果是正確與錯誤並存，他們堅持自己完美就是不成立的，也就是說，所有宗教都是錯誤的？

智慧生物不想這麼快就否定了所有宗教。它想，真理應該是存在的，只需要找到真理，就可以知道誰是正確的。但真理究竟是什麼呢？綜觀所有的宗教，可以說有多少宗教，就有多少真理，到底誰的真理才是真的呢？

就在此時，智慧生物靈光乍現，對於真理一詞有了新的領悟：真理就是判斷真假的道理！

只要知道這個道理，就能一以貫之，用來判斷其他所有真理的真假，找到真相！

智慧生物離開了宗教博覽會，來到世上最大的圖書館，開始了它的真理追尋。人類的文明有文字記錄的僅數千年歷史，但人類文明輝煌燦爛，不亞於演化億萬年的大自然。除了宗教之外，還有各種的文學、藝術、哲學、科學，面對如此龐大的文明體系，智慧生物很有耐心地飽覽群籍，但是並沒找到什麼一以貫之的真理，而是如宗教般百家爭鳴，各說各話。智慧生物開始思考，人類的文明之中存在著如此大的差異與矛盾，也許根本就沒有真理，只有真相。但真相究竟是什麼？

智慧生物繼續在龐大的圖書館中搜尋，再也沒有走出來……

很可惜，在這個假設的情境中，智慧生物沒有在圖書館中看到本書。如果有，它或許就可以找到線索，走出迷宮，看到真相。因為就算世上沒有所謂的真理，它想要找的「判斷真假的道理」，就存在於本書中。

這個道理非常單純，但是被人類五光十色的文明掩蓋了，必須在大自然之中才能清楚顯現。簡單說，就是我們都聽過的一句至理名言，也是書中的獅子追蹤師應該會說的：凡走過必留下痕跡。

凡走過必留下痕跡，痕跡就是線索，線索會指向證據，證據將揭露真相。大自然的一切都是有關連的，因此，一切皆有因果脈絡。這就是判斷真假的道理：有因果脈絡才為真，無因果脈絡皆為假。

因果脈絡究竟是什麼？因果就是事物之間的交互作用，脈絡則是作用留下的線索。在追蹤師的世界，除了種種蛛絲馬跡之外，更重要的是對於所追蹤的對象與所處環境之間的交互作用，有深切的了解，可以憑著線索建立起清楚的因果關連，彼此環環相扣，萬物皆有其道。因果律是這個宇宙運作的基本法則。

但對於因果律的覺察，其實不屬於人類專有。動物其實都是追蹤大師，我們人類反而是失落的一群。大多數的人都失去了對因果脈絡的覺察，因而看不到真相。我們都必須重新學習追蹤因果脈絡的能力，因為有另一種強大的力量擋在我們與真相之間，而那種力量是人類專有的，說是人類的超能力也不為過，那就是我們的想像力。

動物是沒有想像力的。如果有，這個世界就不會只有人類擁有文明。想像力是人類文明的主要推動力。文明起源自我們的語言與文字，而語言就是來自於想像力。

把眼前看到的具象事物，好比一棵樹，轉變為用聲音來代表的抽象概念，與其他人進行複雜的溝通，這對成年的我們而言是如此稀鬆平常，事實上是難以解釋的奇妙能力，無人能記得是怎麼學會的。簡單說，只有人類能想像出自己沒有真正看過的東西，加上了因果脈絡的覺察，以及靈巧的雙手，就可以把無窮的想像力化為文明的現實。

但是想像力天馬行空，也會編出神奇的故事。這些故事無中生有，缺少了因果脈絡，並不是真的。然而大多數人類天性熱愛神奇的故事，又把這種熱愛稱之為信仰，就算不符合因果律，也信以為真了。這種熱情推動著信仰，隨著文明堆砌出龐大的迷宮。

現在我們雖然不是生活在曠野之中，但我們都是生活在信仰的迷宮中，從小就別無選擇地成為了一個信徒。也許不是宗教信徒，但我們必然都是語言文字與故事的信徒，無人例外。

信仰是很安全舒適的狀態，讓人可以安然入眠，問題是我們對因果律的覺察也會跟著一起睡著。在信仰中，我們擁抱一切神奇的故事，不知道如何分辨真假。我們不是追蹤師，而是被追蹤的對象。在大自然的世界，我們不知所措，淪為獵物；在人類的世界，我們既是受害者，也不知不覺成為了加害者。

信徒們集體行動，數量龐大，凡走過必留下痕跡，小小的痕跡乘上億萬倍，就算巨大如地球也吃不消。

人類數千年的文明看似悠久，其實只是生命演化上的一瞬間，而且從人類整體的表現來看，我們尚處於文明幼稚期。各種宗教之間的衝突，以及對大自然的破壞，都是信徒們看不到因果脈絡，集體盲從所導致的後果。

所以我們要效法書中的獅子追蹤師，開始覺察因果律，從信仰的睡夢中醒來，走出故事的迷宮，腳踏實地尋找線索，判斷真假找到真相，發揮想像力來解決問題，而不是製造對立與衝突。這是人類邁向文明成熟的必然出路。只是生態環境破壞的後果來得太快，現在看來，人類夭折在文明幼稚期的可能性極高，時間並不站在我們這一邊。

雖然情況不容樂觀，但只有面對真相，才能帶來救贖，帶來自由。

真相是客觀的。

真相是清明的。

真相是符合因果律的。

真相只需要去覺察，而不需要去信仰。

但最重要的，真相是我們必須自己去追蹤的獅子，而不是他人提供的答案。

（一個非信徒）

Eurasian Publishing Group
圓神出版事業機構
用心與你對話・網野無限寬廣
方智出版社
Fine Press

www.booklife.com.tw reader@mail.eurasian.com.tw

自信人生 160

獅子追蹤師的生命指南

作　　者／博伊德・瓦提（Boyd Varty）
譯　　者／蔡世偉
發 行 人／簡志忠
出 版 者／方智出版社股份有限公司
地　　址／台北市南京東路四段50號6樓之1
電　　話／（02）2579-6600・2579-8800・2570-3939
傳　　真／（02）2579-0338・2577-3220・2570-3636
總 編 輯／陳秋月
副總編輯／賴良珠
主　　編／黃淑雲
責任編輯／陳孟君
校　　對／黃淑雲・陳孟君
美術編輯／李家宜
行銷企畫／詹怡慧・王莉莉
印務統籌／劉鳳剛・高榮祥
監　　印／高榮祥
排　　版／陳采淇
經 銷 商／叩應股份有限公司
郵撥帳號／ 18707239
法律顧問／圓神出版事業機構法律顧問　蕭雄淋律師
印　　刷／祥峰印刷廠
2020年1月 初版

The Lion Tracker's Guide to Life

定價280元　ISBN 978-986-175-543-4

人的一生到頭來，最大的成就不是金錢、地位，
而是能夠在獨處時面對自己的心，能夠發自內心看得起自己，
因為，無愧。

——許峰源，《內心的太陽一直都在》

國家圖書館出版品預行編目資料

獅子追蹤師的生命指南／博伊德．瓦提（Boyd Varty）作；蔡世偉 譯.
-- 初版. -- 臺北市：方智，2020.01
208面；14.8×20.8公分. --（自信人生；160）
譯自：The lion tracker's guide to life
ISBN 978-986-175-543-4（平裝）

1.狩獵 2.獅 3.野生動物保育 4.南非共和國

548.38 108019111

The
Lion
Tracker's
Guide
to Life

The
Lion
Tracker's
Guide
to Life

The
Lion
Tracker's
Guide
to Life

The
Lion
Tracker's
Guide
to Life